3 weeks / 24 hours
CIMEIRA DA NATO EM LISBOA
LISBON NATO SUMMIT

arquitectura architecture
RISCO

ambientes environmental graphics
P-06 ATELIER

CAPA Edition

3 weeks/24 hours
CIMEIRA DA NATO EM LISBOA
LISBON NATO SUMMIT

edição edition
Carsten Land

prefácio introduction
Fernando Araújo

textos texts
Bárbara Coutinho
Karl Kegler
Alexandra Prado Coelho
Jorge Estriga
Nuno Gusmão
António Ribeiro

fotografias photographs
Fernando Guerra

CAPA Edition

A publicação deste livro foi possível graças ao apoio de:
This publication was made possible by the support of:

© 2011 CAPA Edition, Ratingen
www.capa-edition.com

ISBN 978-3-9814622-0-3

Bibliographic information by the Deutsche Nationalbibliothek
The Deutsche Nationalbibliothek lists this publication in the Deutsche Nationalbibliografie; detailed bibliographic data are available in the Internet at http://dnb.d-nb.de.

All rights reserved. No part of this publication may be reproduced, stored in a retrieval system, or transmitted, in any form or by any means, electronic, mechanical, photocopying, recording or otherwise without the written permission of CAPA Edition.

Edição Edition: Carsten Land
Colaboração Collaboration: Sara Brandão, Marta Dabraio da Silva
Tradução Translation: Mark Cain, Claudia Hall, Virgínia Blanc de Sousa
Revisão de texto Proof reading: Cristina Silveira de Carvalho
Projecto gráfico e paginação Layout and type setting: [synthese] – Björn Schötten

Impressão e encadernação Printing and binding:
GRASPO CZ, a.s., Zlín, Czech Republic

Prefácio Introduction
Fernando Araújo **6**

24 HORAS 24 HOURS

Instant City | Lisboa 2010 NATO Instant City | Lisbon 2010 NATO
Bárbara Coutinho **12**

Uma sede efémera para a Cimeira An ephemeral Summit Camp
Karl Kegler **30**

Um ovni pousou em Lisboa A UFO landed in Lisbon
Alexandra Prado Coelho **48**

DESCRIÇÕES E DESENHOS DESCRIPTIONS AND DRAWINGS

Contexto e projecto Context and Project **62**

Plantas e cortes Plans and Sections **70**

Materiais e sistemas construtivos Construction Materials and Systems **80**

3 SEMANAS 3 WEEKS

Flying Birds Flying Birds
Jorge Estriga **88**

O Momento The Moment
Nuno Gusmão **104**

Os Construtores The Builders
António Ribeiro **120**

APÊNDICE APPENDIX

Fichas Técnicas, Ateliers, *Curricula Vitæ*, Apoios, Agradecimentos, Créditos
Technical Sheets, Studios, Curricula Vitæ, Sponsors, Acknowledgements, Credits **138**

ÍNDICE
CONTENTS

PREFÁCIO
INTRODUCTION

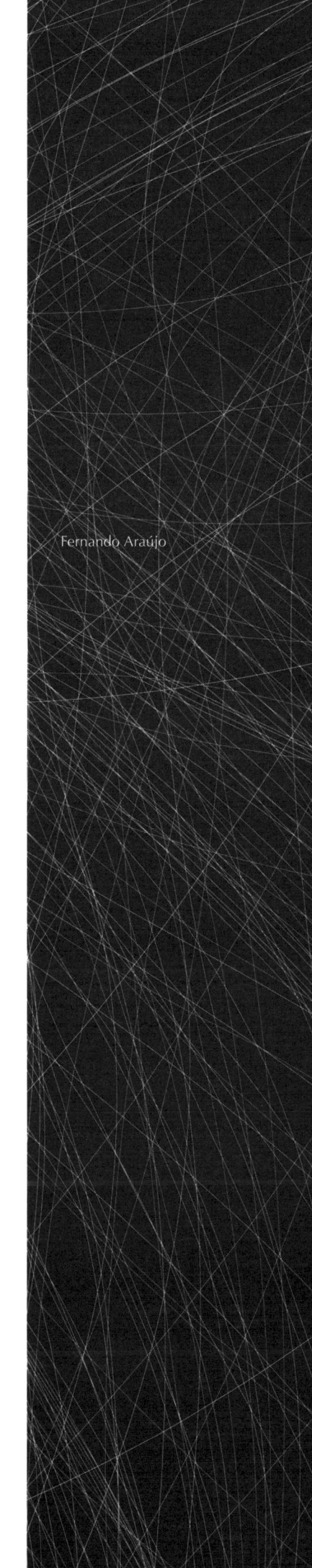

Fernando Araújo

Portugal, como país fundador da NATO, ao organizar pela primeira vez uma Cimeira desta organização, teve a responsabilidade de acolher o acontecimento onde foi aprovado o novo conceito estratégico de defesa para os próximos dez anos, que actualiza a resposta da Aliança Atlântica perante novas ameaças.

Um evento desta dimensão, iniciando-se por um trabalho de transformação de quatro barracões vazios de 40 000 m² em quatro pavilhões totalmente equipados, decorados, circunscritos aos severos critérios de segurança exigidos para uma reunião que agrupou, durante dois dias, a maioria dos líderes mundiais, só foi possível devido a um esforço gigantesco de uma equipa multidisciplinar em perfeita sintonia.

Nesta equipa, o gabinete de arquitectura Risco assumiu um papel essencial, uma vez que a adversidade permanente e determinada das condições encontradas no local obrigou a esforços de paciência e de profissionalismo que, noutros países, teria constituído sério risco de fracasso.

Mas não foi isso que aconteceu.

As soluções encontradas para as mais complexas questões relativas à construção de espaços exigiram capacidade técnica e imaginação. Foram, assim, concebidos no maior respeito pela ecologia e pela economia de meios, um compromisso espacial a partir de milhares de módulos de aglomerado de madeira.

Portugal, as a founding country of NATO, by organising a summit of this organization for the first time, was responsible for hosting the event in which the new strategic concept of defence was approved for the next ten years, bringing the Atlantic Alliance's response to new threats up-to-date.

An event of this dimension, starting with the work to transform four empty hangars covering 40,000 m² in four totally fitted and decorated pavilions, restricted by the strict security criteria required for a meeting that brought most world leaders together for two days, was only possible due to the enormous effort of a multidisciplinary team working in perfect harmony.

The architecture firm Risco played an essential role in this team, given that the permanent and determined adversity of the conditions encountered on location demanded a level of patience and professionalism that, in other countries, would have run the serious risk of failure.

But that is not what happened.

The solutions encountered for the more complex issues concerning the construction of the spaces demanded technical capacity and imagination. They were therefore conceived with the greatest respect for ecology and economy of resources, a spatial compromise based on thousands of OSB modules.

Agrupados, sobrepostos, criando anfiteatros, centros de imprensa, imensas salas de reunião dotadas de todo o conforto e segurança, numa utilização aparentemente fácil de meios, mas que um olhar atento mostrava de fabulosa imaginação, do volume fez-se luz.

Aliaram os arquitectos do Risco o conceito de utilidade à facilidade de circulação, o espaço reservado à conversa entre políticos ao acolhedor dos restaurantes, a simplicidade dos corredores à grandiosidade das salas destinadas aos jantares separados de chefes de Estado e de ministros. Tudo foi concebido a partir de um espaço dividido, subdividido, recortado, corrigido, modificado, alterado até à exaustão e que serviu para imortalizar a imagem dos grandes deste mundo e encaminhá-los para as salas destinadas à discussão e à resolução das grandes questões que preocupam, talvez, a humanidade...

Grouped together, overlain, creating amphitheatres, media centres, immense meeting rooms with full comfort and top security, in an apparently easy use of resources, but which a closer look would reveal to be of fabulous imagination. And from volume there was light.

The architects from Risco brought together the concept of utility and ease of circulation, space reserved for conversations between politicians and cosy restaurants, the simplicity of corridors and the grandeur of the rooms intended for the separate dinners of the heads of state and ministers. Everything was conceived based on a space divided, subdivided, cut out, corrected, modified, altered to exhaustion and which served to immortalise the image of the Greats of this world and guide them to the rooms intended for discussion and the resolution of the major issues that, perhaps, concern humanity...

Um gigantesco candeeiro concebido a partir de tubos de néon ocupava todo o espaço de entrada, funcionando como uma espécie de sinal de iniciação. E nem a chuva intensa com que a Cimeira foi presenteada conseguiu prejudicar o acontecimento. Se necessário fosse, a arquitectura portuguesa tinha provado, uma vez mais, os seus méritos. Não foi necessário. Nenhum dos participantes ficou insensível ao trabalho executado. Houve unanimidade nos elogios, até daqueles cuja principal ocupação é detectar imperfeições. Surgindo a necessidade de redefinição do papel da NATO no contexto internacional e de projecção para o futuro, as Cimeiras serão sempre o local privilegiado de diálogo e de compromisso.

Portugal cumpriu na Cimeira de Lisboa o desempenho a que o obrigam 900 anos de idade.

A gigantic lamp designed using neon tubes occupied the whole of the entrance space, functioning as a kind of starter light. And not even the intense rain that accompanied the start of the summit could ruin the event. Once again, as if it were necessary, Portuguese architecture had proven its worth.

It was not necessary. None of the participants was indifferent to the end job. The praise was unanimous, even from those whose main occupation it is to detect imperfections. Given the need to redefine NATO's role within the international context and to project it into the future, these summits will always be the choice place for dialogue and compromise.

In the Lisbon summit, Portugal's 900 year heritage helped it to come up to the mark.

Fernando Araújo
Encarregado de Missão para a Cimeira da NATO 2010
Mission Head for the NATO Summit 2010

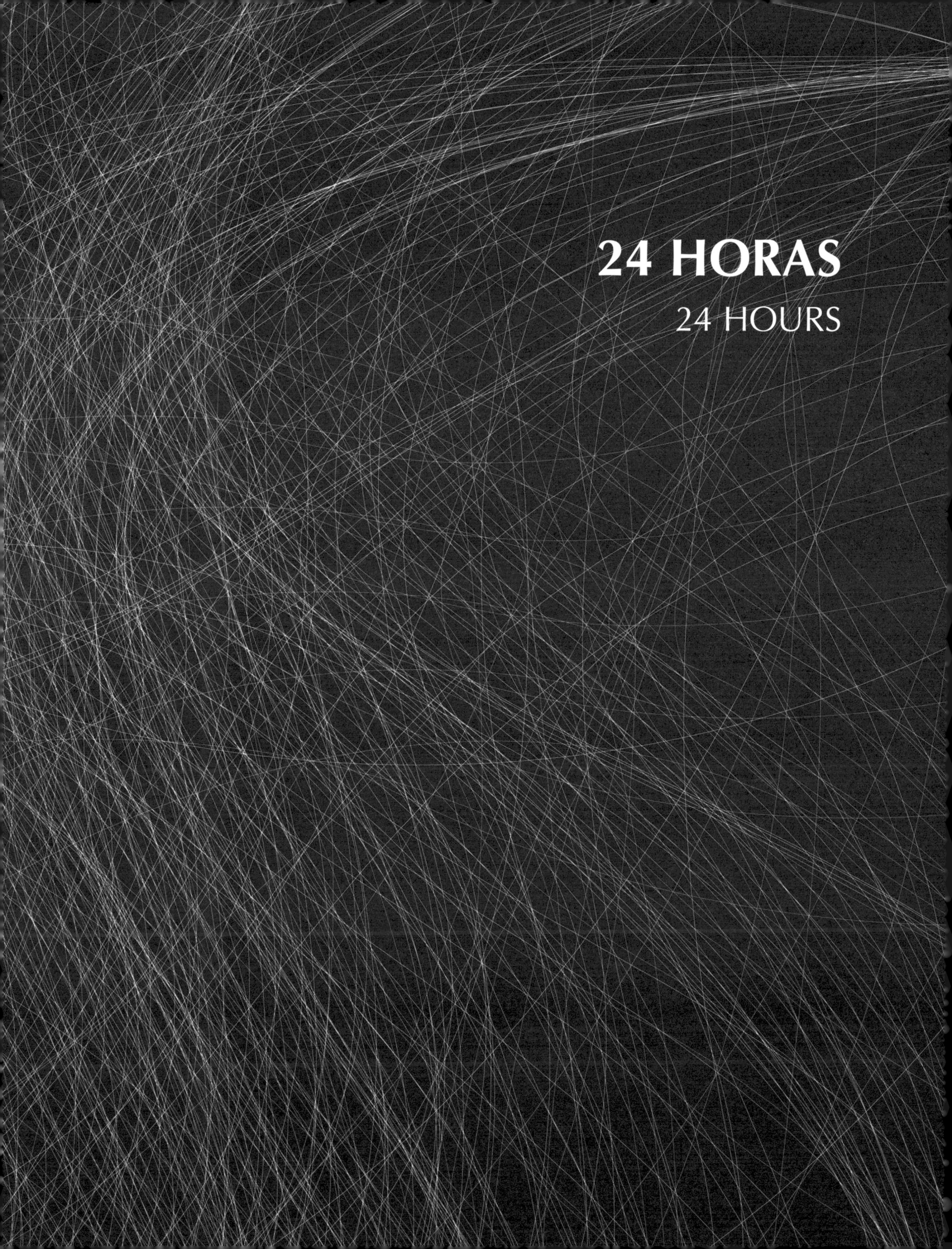
24 HORAS
24 HOURS

Entrada cerimonial
A entrada, criada especialmente para o evento, serviu como palco para a cerimónia de chegada e recepção dos chefes das delegações e garantiu acesso directo ao hall das salas de conferências.

Ceremonial entrance
The entrance, created especially for the event, acted as the stage for the welcome reception ceremony of the heads of the delegations, and leads directly to the Grand Hall conference rooms.

INSTANT CITY | LISBOA 2010 NATO
INSTANT CITY | LISBON 2010 NATO

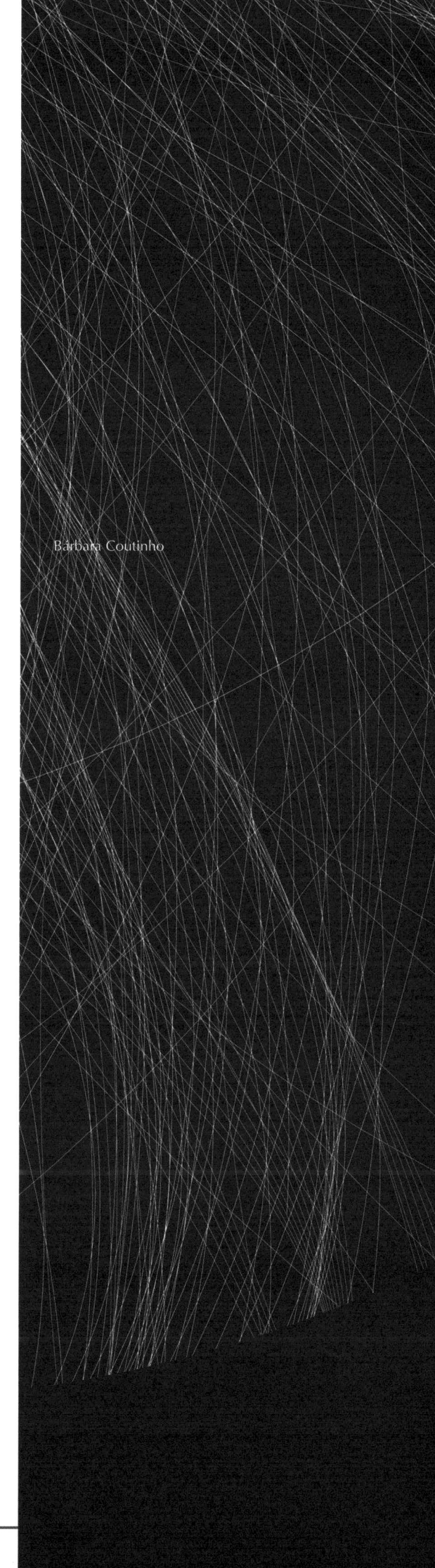

Bárbara Coutinho

A cidade de Sofrónia compõe-se de duas meias cidades. Numa fica a grande montanha russa de íngremes bossas, o carrossel com a sua auréola de correntes, a roda das gaiolas giratórias, o poço da morte com os motociclistas de cabeça para baixo, a cúpula do circo com o cacho de trapézios a pender no meio. A outra meia cidade é de pedra e mármore e cimento, com o banco, os opiários, os prédios, o matadouro, a escola e tudo o resto. Uma das meias cidades está fixa, a outra é provisória e quando acaba o tempo da sua estadia despregam-na, desmontam-na e levam-na dali para fora, para a enxertar nos terrenos vagos de outra meia cidade.

Assim todos os anos chega o dia em que os operários destacam os frontões de mármore, deitam abaixo as paredes de pedra, os pilares de cimento, desmontam o ministério, o monumento, as docas, a refinaria de petróleo, o hospital, e carregam-nos em reboques de grandes camiões para seguirem de praça em praça o itinerário de todos os anos. Aqui fica a meia Sofrónia das barracas de tiro ao alvo e dos carrosséis, com o grito suspenso da naveta da montanha russa do avesso, e começa a contar quantos meses, quantos dias deverá aguardar antes que retorne a caravana e recomece a vida inteira.

Ítalo Calvino, *As Cidades Invisíveis*. Lisboa, 2003 (1.ª ed. 1990), pág. 65

Em Novembro de 2010, a Feira Internacional de Lisboa (FIL), no Parque das Nações, local para onde se deslocou após a Expo'98, deixando o emblemático edifício de Keil do Amaral e Alberto Cruz, transfigurou-se por completo e tornou-se o centro de todas as atenções. Objectivo, acolher a Cimeira da NATO e os mais de 5 000 participantes envolvidos, entre políticos e diplomatas, intérpretes, delegados e jornalistas, polícias, técnicos e motoristas, oriundos dos quatro cantos do mundo. No total, 4 pavilhões, com 17 m de pé direito, e 40 000 m² de área a redesenhar para a recepção de várias reuniões de chefes de Estado e de Governo, encontros bilaterais e conferências de imprensa com cobertura dos media em directo e ininterruptamente...

Uma outra cidade erigiu-se então na FIL para acolher, mesmo que por apenas 36 horas, as mais de vinte línguas em presença, unidas em Lisboa pelo esperanto actual, o inglês, no maior evento político desta natureza realizado em Portugal. Uma babel com uma forte significação nacional e política, de certa forma, ideal, e desde o início, transitória e passageira (mas nem por isso menos importante).

Como ideia central, construir lugares de encontro, lugares de cidadania, com uma particular atenção para com as noções de participação e comunicação.

Pela presença dos mais importantes líderes mundiais da actualidade e temas em discussão, pela sua importância, visibilidade e promoção internacionais, mas também pela natureza efémera de todas as construções, devemos olhar para esta cidade reflectindo sobre a especificidade das arquitecturas efémeras, sem esquecer as questões que estas suscitam. Mas necessitamos também de sublinhar o seu significado simbólico, enquanto representação nacional com uma boa dose de mediatização. Neste sentido, podemos relacioná-la com as exposições internacionais e outros grandes eventos que, ao longo da história, se revestiram de um forte sentido de Estado.

> »*The city of Sophronia is made up of two half-cities. In one there is the great roller coaster with its steep humps, the carousel with its chain spokes, the Ferris wheel of spinning cages, the death-ride with crouching motorcyclists, the big top with the clump of trapezes hanging in the middle. The other half-city is of stone and marble and cement, with the bank, the factories, the palaces, the slaughterhouse, the school, and all the rest. One of the half-cities is permanent, the other is temporary, and when the period of its sojourn is over, they uproot it, dismantle it, and take it off, transplanting it to the vacant lots of another half-city.*
> *And so every year the day comes when the workmen remove the marble pediments, lower the stone walls, the cement pylons, take down the Ministry, the monument, the docks, the petroleum refinery, the hospital, load them on trailers, to follow from stand to stand their annual itinerary. Here remains the half-Sophronia of the shooting-galleries and the carousels, the shout suspended from the cart of the headlong roller coaster, and it begins to count the months, the days it must wait before the caravan returns and a complete life can begin again.*«
> Ítalo Calvino, Invisible Cities. Lisbon, 2003 (1st ed. 1990), page 65

In November 2010, the Feira Internacional de Lisboa (Lisbon International Fair or FIL), in the Park of Nations, the site it moved to after the Expo'98, leaving the emblematic building of Keil do Amaral and Alberto Cruz, was completely transformed and became the centre of everyone's attention. The objective was to host the NATO summit and the 5,000 plus participants involved, including politicians and diplomats, interpreters, delegates and journalists, policemen, technicians and drivers, from the four corners of the earth. In total, 4 pavilions, with a 17 m ceiling height, and an area of 40,000 m² to be redesigned to house various meetings of heads of state and government, bilateral encounters and press conferences with non-stop live media coverage...

Chegada das delegações ao recinto da Cimeira

NATO delegations arrivals at the summit venue

15h30

So another city was erected in the FIL to host, albeit for only 36 hours, over 20 languages present, united in Lisbon by today's Esperanto, English, in the largest political event of this kind held in Portugal. A Tower of Babel with major national, political, and, in a way, ideal significance, and from the outset, transitory and fleeting (but nonetheless important).

The central idea was to create places for encounters, places of citizenship, paying particular attention to notions of participation and communication.
Given the presence of today's most important world leaders and the importance and international visibility and promotion of the topics under discussion, and also the ephemeral nature of all of the constructions, we should reflect on the specific nature of the architecture of this city, without forgetting the issues that this raises. But we also need to emphasise its symbolic significance, as national representation with a fair dose of media hype. In this regard, we can relate it to international expositions and other major events that, throughout history, have implied a major sense of a State occasion.

As arquitecturas efémeras, ao estarem livres das condicionantes habituais da arquitectura construída, foram (e continuam a ser) verdadeiros laboratórios arquitectónicos de experimentação de novas tecnologias, formas, materiais e linguagens arquitectónicas. Entre as arquitecturas efémeras, o pavilhão de exposições, originário do séc. xix e das grandes exposições ou feiras que exibiam as inovações técnicas e os novos produtos industriais, possui um lugar de destaque. Posteriormente, nasceu também, neste contexto, o pavilhão nacional com toda a carga simbólica inerente. Alguns acabaram por ser mesmo peças icónicas do pensamento moderno, ganhando uma maior perenidade. E vários foram os exemplos de construções efémeras que se transformaram em construções mais permanentes. Lembremos o Palácio de Cristal de Joseph Paxton, construído em 1851, para a Exposição Universal de Londres, desmontado após o evento e reconstruído, um ano depois, para funcionar como museu até sofrer um grande incêndio, já em 1936. Em Portugal, o Padrão dos Descobrimentos de Cottinelli Telmo e Leopoldo de Almeida, construído em estafe e madeira para a Exposição do Mundo Português em 1940, foi reconstruído em pedra, em 1965. Mas o exemplo mais paradigmático foi o Pavilhão da Alemanha de Mies Van der Rohe para a Exposição Universal de Barcelona, em 1929, reconstruído em 1986. Na mesma cidade, em 1992, foi também reedificado o Pavilhão da República Espanhola de Josep Lluís Sert para a Exposição Internacional de Paris de 1937.

Porém, como podemos definir os pavilhões para as grandes exposições universais construídos em alvenaria, mas pensados para um curto tempo de vida, sendo demolidos no final do evento? E a arquitectura profundamente cénica da tela de cinema, dos palcos de teatro ou ópera...
Acresce que outras construções nasceram procurando já a transitoriedade como qualidade primeira. É o caso do Museu Nômade de Shigheru Ban, em tubos de papel e contentores... As profundas mudanças sociais, culturais e tecnológicas têm vindo a alterar a nossa habitabilidade e a introduzir um crescente nomadismo na vida social, levando a uma arquitectura cada vez mais portátil, flexível, adaptável, transitória, versátil e efémera, de modo a acompanhar a própria mobilidade e rápida deslocação/comunicação actuais. Em consequência, assistimos, cada vez mais, a uma proliferação de *stands*, espaços culturais, abrigos temporários, espaços públicos onde a arquitectura efémera é a resposta mais eficaz e pertinente, mesmo em termos de sustentabilidade económica e pegada ecológica, o que a faz ganhar hoje um renovado significado.

LARGE CONFERENCE ROOM
GRANDE SALLE DE CONFÉRENCES
SALA DA REUNIÃO PLENÁRIA

Fotografia de chegada dos chefes das delegações recebidos pelo Primeiro-Ministro português e pelo Secretário-Geral da NATO e sua esposa

Arrival photo of the heads of delegations, greeted by the Portuguese Prime Minister and by the NATO Secretary General and his wife

15h35

Lustre do hall das salas de conferências
O hall forma, com o seu espaço representativo e cerimonial, o centro do Pavilhão 1, iluminado pelo grande lustre cénico.

Chandelier of the Grand Hall conference rooms
With its representative and ceremonial space, the hall forms the centre of pavilion 1, lit up by the large scenic chandelier.

Estas questões fizeram trazer novamente para a arquitectura um nível de experimentação e pesquisa, nomeadamente sobre técnicas e materiais alternativos, como já não acontecia desde a década de 1960.

Ephemeral architecture, by being freed from the usual conditioning factors of constructed architecture, was (and continues to be) a genuine architectonic laboratory for experimentation with new technologies, forms, materials and architectonic languages. The exposition pavilion, which started in the 19th century with the large expositions or trade fairs that showed off technical innovations and new industrial products, stands out from among all types of ephemeral architecture. The national pavilion, with all of its inherent symbolism, was subsequently also born from this context. Some would end up by even being icons of modern thought, gaining a sense of continuity. And there were some examples of ephemeral constructions that turned into more permanent constructions. We should recall Joseph Paxton's Crystal Palace, built in 1851 for the Universal Exhibition of London, taken down after the event and rebuilt one year later to function as a museum until the great fire of 1936. In Portugal, the Monument to the Discoveries by Cottinelli Telmo and Leopoldo de Almeida, built using perishable materials for the Portuguese World Exhibition in 1940, was rebuilt in stone in 1965. But the most paradigmatic example was the Pavilion of Germany by Mies Van der Rohe for the 1929 Barcelona Universal Exposition, rebuilt in 1986. In the same city, the Pavilion of the Spanish Republic built by Josep Lluís Sert for the 1937 Paris International Exposition was also rebuilt in 1992.

However, how can we define the pavilions built in stone for the large universal expositions, but which were intended for a short period of time and then demolished at the end of the event? And the profoundly scenic architecture of the cinema screen, of theatre or opera stages... And other constructions have been created with the ephemeral as their foremost quality. One such example is the Nomadic Museum by Shigheru Ban, made from paper trusses and shipping containers... The profound social, cultural and technological changes that have been changing our habitability and introducing increasing nomadism into social life, leading to increasingly portable, flexible, adaptable, transitory, versatile and ephemeral architecture in order to accompany today's very mobility and fast movement/communication. As a result, we are seeing an increasing proliferation of stands, cultural spaces, temporary shelters, public spaces where ephemeral architecture is the most effective and pertinent answer, even in terms of economic sustainability and the environmental footprint, which makes it take on renewed significance today. These issues have once again brought a level of experimentation and investigation to architecture, namely on alternative techniques and materials, unlike no other since the 1960's.

Neste caso, estivemos perante uma intervenção de natureza declaradamente transitória e com uma duração bem definida. Uma construção necessariamente efémera que respondeu às exigências programáticas e funcionais, sem alterar a identidade dos pavilhões da FIL. Tal como na cidade de Sofrónia de Ítalo Calvino, sabia-se à partida o dia e a hora em que todo o cenário seria desmontado, devendo ter o menor impacto pós-ocupação... Na FIL, tratou-se de uma intervenção que melhorou a «performatividade» e a eficácia do espaço, escolhido pela área necessária, mas inadequado sob os restantes aspectos. A opção foi olhar para os vários pavilhões como se se tratasse de contentores e desenhar, para o seu interior e áreas adjacentes, uma segunda estrutura ou pele com uma complexa e racional retícula de salas e acessos, circulações e passa-

Recepção das delegações no foyer, antecedendo o início da primeira reunião do Conselho do Atlântico Norte.

Reception of the delegations in the foyer before the first meeting of the North Atlantic Council.

15h40

gens, completamente à parte do invólucro, sem tocar nele. Desta forma, o conteúdo não coincidiu, na estética ou na sua formulação espacial, com o da «caixa» inicial. Separou-se dela para construir uma arquitectura, necessariamente cenográfica, que transmitiu uma imagem moderna do país organizador, comunicando-a de uma forma apelativa, qualificada e eficaz. Uma arquitectura que pensou quer no participante, quer no telespectador. Um cenário real para quem o viveu e interagiu no local, construído pelos diferentes materiais, texturas e iluminação, mas também uma imagem com grande impacto no pequeno ecrã. Quer enquanto cenário, quer enquanto imagem, o espaço da Cimeira possuiu um forte significado simbólico.

A construção desta Cidade Instantânea (Peter Cook, *Instant City*, 1968-1969), parafraseando o colectivo inglês Archigram, coube ao atelier Risco. Chamamos-lhe *Instant City*, uma vez que este projecto utópico imaginava uma arquitectura móvel que levava uma série de acontecimentos e informações de terra em terra. Formalmente, uma grande festa, com zepelins e balões suspensos, estruturas pneumáticas, guindastes e guinchos, automóveis e camiões, máquinas de entretenimento, iluminação cénica, audiovisuais e um complexo sistema de comunicações. Uma cidade instantânea. Que surgiria do nada, assentaria arraiais contaminando o local e, depois, seguiria o seu curso [Mais uma vez, uma das metades de Sofrónia]. Os Archigram foram pioneiros na consciência da arquitectura como fenómeno de comunicação e como produto dos media, dispensando, por isso, particular cuidado com as estratégias de divulgação das suas ideias e projectos experimentais.

In this case, this was an intervention of a declaredly transitory nature and with a well defined duration. A necessarily ephemeral construction that met the programming and functional demands without altering the identity of the FIL's pavilions. As in Ítalo Calvino's city of Sophronia, the date and time when the whole scenario would be taken down was known at the outset, causing the least impact after its occupation... In the FIL, this was an intervention that improved the space's ability to »perform« and its efficacy, chosen for the area necessary, but inadequate in other aspects. The option was to look on the various pavilions as if they were containers and to design, for their interior and adjacent areas, a second structure or skin with a

Hall *das salas de conferências*
O hall é parte integrante do grande eixo de distribuição que interliga todos os pavilhões, fazendo a distribuição para as duas principais salas de conferências.

***Grand Hall* conference rooms**
The hall is part of the main distribution axis that interconnects all of the pavilions, leading off to the two main conference rooms.

Cerimónia militar em honra do pessoal em operações da NATO na abertura da reunião do Conselho do Atlântico Norte

Ceremony honoring NATO military personnel for service in operational theatres of the Alliance at the start of the North Atlantic Meeting

16h30

Sala da Reunião Plenária
Nesta sala de organização concêntrica realizaram-se as reuniões ao nível dos chefes de Estado e de Governo.

Large conference room
The meetings of the heads of state and government were held in this concentric room.

complex and rational network of rooms and accesses, circulations and passageways, completely separate from the shell, without touching it. In this way, the content did not coincide, in terms of aesthetics or in its spatial formulation, with that of the initial »casing«. It was separated from it to construct a necessarily scenographic architecture, which transmitted a modern image of the host country, showing it to be attractive, effective and good quality. Architecture that thought about both the participant and the viewer at home. A real scenario for those who were there and who interacted with it in situ, built with different materials, textures and lighting, but also with a high impact image on the small screen. Both as a scenario and as an image, the space of the summit had major symbolic significance.

The construction of this Instant City (Peter Cook, *Instant City*, 1968–1969), paraphrasing the English collective Archigram, fell to the atelier Risco. We call it Instant City as this Utopian project imagined mobile architecture that took a series of events and information from place to place. Formally, a large festive event, with zeppelins and air balloons, pneumatic structures, cranes and hoists, cars and trucks, entertainment machines, scenic illumination, audiovisuals and a complex communications system. An instant city. That came from nothing, would set up open-air popular festivals, contaminating the place and, which would then go on its way (Once again, one of the halves of Sophronia). Archigram were pioneers in the conscience of architecture as a phenomenon of communication and as a media product, therefore doing away with any particular care with strategies to divulge their ideas and experimental projects.

Na FIL não assistimos, é certo, a plataformas orbitais ou outras formulações utópicas idealizadas, e mais ou menos futuristas, dos Archigram, mas conceptualmente as ideias centrais de mobilidade, hiper-tecnologia, nomadismo, adaptabilidade, flexibilidade, hibridismo, mutabilidade, instantaneidade, efemeridade e reciclagem estiveram presentes. Tratou-se de um assentamento temporário que viveu muito da existência de redes estruturadas de comunicações, novas tecnologias electrónicas, rápidas e incessantes comunicações, fortes imagens gráficas, rápidos sistemas de transporte.

A escolha do atelier Risco não foi certamente alheia à vasta experiência deste colectivo no desenho urbano, no espaço público e em equipamentos de grande escala. Lembremos, a título de exemplo, o Projecto Urbano das Antas, a Frente Mar e o Terminal Marítimo de Ponta Delgada, o próprio recinto da Expo'98 e o Centro Cultural de Belém (este último, em parceria com Vittorio Gregotti). Como denominador comum, a sólida convicção na capacidade transformadora e mobilizadora do gesto urbano na qualidade da vivência diária. Entre estes trabalhos, destacamos o Centro Cultural de Belém e o recinto da Expo'98. O primeiro é o resultado de um concurso para um centro cultural e espaço para acolher a Presidência Portuguesa da Comunidade Europeia de 1992, e tem, sobretudo, uma vocação urbana com os diferentes edifícios a funcionar como quarteirões, as suas praças, jardins suspensos, ruas interiores, rampas e pontes; o segundo, concebido essencialmente para a circulação pedonal e tendo como ideia central uma estrutura urbana facilmente memorizada por todos os visitantes e transeuntes, oferece um espaço público de grande qualidade.

In the FIL we certainly do not see orbital platforms or other of Archigram's more or less futuristic, idealised Utopian formulations, but conceptually the central ideas of mobility, hyper-technology, nomadism, adaptability, flexibility, hybridism, mutability, instantaneity, ephemerality

Reunião do Conselho do Atlântico Norte ao nível dos chefes de Estado e de Governo, inaugurada pelos discursos do Secretário-Geral da NATO e do Primeiro-Ministro do país anfitrião

North Atlantic Meeting at the level of heads of state and government with opening remarks by NATO Secretary General and welcome by the Portuguese Prime Minister

16h40

Sala de Conferências 2
Além da sala principal, a Sala da Reunião Plenária, existiram no Pavilhão 1 outras salas de conferências com diferentes características e funções.

Sala de jantar de trabalho
A fotografia superior mostra uma das salas de jantar de trabalho e na fotografia inferior é visível a Sala de Conferências 2.

Back-up conference room
Besides the main room, the large conference room, pavilion 1 also had other conference rooms with different characteristics and functions.

Working dinner room
The top photograph shows one of the working dinner rooms while in the lower photograph we can see the back-up conference room.

and recycling were present. This was a temporary base that depended heavily on structured communications networks, new electronic technologies, fast and non-stop communications, striking graphic images, fast transport systems.

The choice of atelier Risco certainly had much to do with this collective's vast experience in urban design, in public space and in large-scale equipment. We may recall, by way of example, the Antas Urban Project, the Sea Front and the Maritime Terminal at Ponta Delgada, the Expo'98 site itself and Belém Cultural Centre (the latter in partnership with Vittorio Gregotti). The common denominator is the solid conviction of the transforming and mobilising capacity of the urban gesture on the quality of daily life. Among these works, we would highlight Belém Cultural Centre and Expo'98. The former was the result of a tender for a cultural centre and space to house the Portuguese Presidency of the European Community in 1992, and has, above all, an urban vocation with the different buildings functioning like city blocks, with plazas, hanging gardens, interior roads, ramps and bridges; the latter, conceived essentially for pedestrian circulation and with the central idea of an easily memorable urban structure for all of its visitors and passers-by, offering a top quality public space.

Para a NATO, a proposta de arquitectura afastou-se de qualquer monumentalidade ou gesto de espectacularidade. O que singularizou o projecto e o tornou, ao mesmo tempo, absolutamente contemporâneo foi exactamente a simplicidade, a unidade e a coesão do todo, bem como a consistência e a inventividade do conceito base – a modulação da quase totalidade dos espaços com recurso a blocos de aglomerado de madeira OSB, material industrial projectado em módulos autoportantes de 2,50 x 1,25 m, fáceis e rápidos de modelar em paredes, vigamentos, portas e corredores por simples método de encaixe, sem necessidade de elementos de ligação. Usado habitualmente na construção civil, é aqui escolhido pela sua resistência, preocupação ecológica, versatilidade, consistência, estabilidade, facilidade de montagem/desmontagem e bom isola-

Eixo principal no Pavilhão 2
O Pavilhão das Delegações serve programas muito diferentes e é, assim, dominado por pequenos espaços diferenciados. O eixo principal organiza e dá carácter a este pequeno bairro, como se de uma avenida se tratasse.

Main axis in pavilion 2
The Pavilion of the Delegations was used for quite different programmes and was therefore full of a variety of small spaces. The main axis organises and lends character to this small area, as if it were an avenue.

mento acústico, mas também pela sua expressão formal, capacidade performativa e forte visualidade. Optando-se por não recorrer a qualquer tipo de revestimento ou pintura (mesmo no interior das salas de reuniões principais), ou seja, afirmando-se o estado natural e cru do OSB, o resultado foi uma grande depuração formal, uma estética purista e um aspecto texturado que singularizaram esta Cimeira entre arquitecturas mais convencionais de outros eventos similares. O valor mais evidenciado foi a verdade dos materiais, o seu forte sentido táctil e a sua temperatura amena. A todos os níveis, este foi um excelente exemplo da filosofia de «menos, mas melhor». Simplicidade e fragilidade foram apenas aparentes. Na realidade, houve toda uma complexa e tecnológica musculatura (estrutura e técnica construtiva) à vista, resolvida com grande inventividade. Na maioria dos espaços, a visibilidade da própria estrutura da cobertura metálica da FIL criou uma amplitude espacial, funcionando, inclusive, como um dos elementos unificadores dos vários espaços.

Se os bons acessos e a fluidez dos circuitos de circulação foram também factores decisivos para o sucesso desta proposta, torna-se indispensável sublinhar o papel da iluminação e do grafismo para a sua qualidade final.

A este propósito, distinguiu-se a iluminação singular do *hall* das salas de conferência. 180 tubos com lâmpadas fluorescentes em alturas diferentes, mas com uma única orientação, sublinham o eixo longitudinal que unia os quatro pavilhões. Esta iluminação é sobretudo uma pontuação escultórica de formulação minimal, que nos faz recordar Dan Flavin. Num espaço escurecido, criando a ilusão de uma *black box*, a luz revela-se como um corpo suspenso no vazio, de forte significado arquitectónico, plástico e cénico. De sentido contrário, predomina um imaculado branco nas diferentes salas de *briefing* como se se tratasse de *white cubes*, com a alcatifa, cadeiras, estrados e painéis brancos.

For NATO, the architectural proposal avoided any monumentality or hint of the spectacular. What singularised the project and made it at the same time absolutely contemporary was exactly the simplicity, unity and cohesion of the whole, as well as the consistency and inventiveness of the basic concept – the modulation of almost all of the spaces using blocks of Oriented Strand Board (OSB), an industrial material formed into self-supporting 2.50 x 1.25 m modules that can be quickly and easily formed into walls, beams, doors and corridors by a simple interlocking method that does not need other binding elements. Usually used in civil construction, it was chosen here not only for its resistance, ecological nature, versatility, consistency, stability, being easy to assemble/dismount and for its good acoustic insulation, but also for its formal expression, performance capacity and good looks. Opting not to use any kind of cover or painting (even inside the main meeting rooms), or rather, affirming the natural, raw state of the OSB, the result was one of great formal simplicity, purist aesthetics and a textured look that made this summit stand out from other more conventional architectures of other similar events. The most evident advantage was the genuine nature of the materials, their strong tactile sense and pleasant temperature. On all levels, this was an excellent example of the »less is more« philosophy. Simplicity and fragility in appearance alone. In reality, there was a full complex and technological musculature (structure and construction technique) visible, which was resolved with great inventiveness. In most of the spaces, the visibility of the very structure of the FIL's metal roofing created spatial amplitude, even functioning as one of the unifying elements of the various spaces.

Fotografia de família dos chefes de Estado e de Governo prevista pelo protocolo e coberta pelos media

Official portrait of the heads of state and government as stipulated by protocol and covered by the media

If the good accesses and fluidity of the circulation circuits were also decisive factors for the success of this proposal, mention must also be made of the role of the lighting and graphics in its end quality.

In this regard, the singular illumination of the conference hall should be noted. 180 tubes with fluorescent lamps at different heights, but all aligned in a single direction, emphasised the longitudinal axis that united the four pavilions. This lighting is above all a sculptural feature of minimalist formulation, which reminds us of Dan Flavin. In a darkened space, creating the illusion of a black box, light appears like a body hanging in the void, with strong architectonic, plastic and scenic significance. Contrasting with this, immaculate white predominates in the different briefing rooms as if they were white cubes, with white carpeting, chairs, platforms and panels.

Em termos gráficos, as cores dominantes foram o azul, o branco e o preto. Na sua grande maioria, adoptou-se uma sinalética ora colada directamente sobre os painéis OSB e os brancos painéis metálicos, ora recortada e colocada sobre a alcatifa, informando e criando simultaneamente os circuitos. A completar a sinalética, telas verticais azuis criavam um ritmo sequencial ao longo de todo o recinto. No projecto da autoria do atelier P-06 de Nuno Gusmão, evidenciou-se o *hall* das salas de *briefing* pela forma como o forte grafismo das paredes funcionou muito para além da habitual função informativa. Os diferentes corpos de letra (sobre chapa metálica branca) e as várias composições de palavras em inglês, francês (línguas oficiais da NATO) e português, fizeram com que o grafismo assumisse um papel arquitectónico. Imprimiu um forte dinamismo e ritmo ao local, sendo uma metáfora do próprio conteúdo desta sala. De destacar também o grafismo colocado na invulgar porta de acesso ao Centro de Imprensa, desenhada em lâminas de acrílico transparente. Funcionando como uma barreira eficaz contra o vento, mantinha a visibilidade e a permeabilidade visual entre o interior e exterior.

Na galeria de fotografias, de grande coerência e sentido arquitectónico, são bem visíveis a vivência dos espaços, os diferentes tempos e planos, a escala da intervenção. O olhar directo de Fernando Guerra conseguiu captar os amplos espaços da Cimeira em rigorosas composições panorâmicas, mostrando a grande riqueza da cor e dos detalhes. Quer sejam registados ainda vazios, num estado de absoluto silêncio, ou já vividos em pleno, mostrando o movimento colectivo, o que se evidencia é a complexidade da arquitectura projectada, as suas linhas horizontais e verticais, as suas diferentes perspectivas.

No final das 36 horas, esta cidade instantânea começou de imediato a ser desmontada, mas através da fotografia este projecto e esta cidade fugaz ficaram preservados na memória colectiva.

In graphic terms, the dominant colours were blue, white and black. For the most part, signage was adopted that was either stuck directly on the OSB panels and white metal panels, or cut out and placed on the carpet, providing information and simultaneously forming the circuits. To complete the signage, vertical blue screens created a sequential rhythm throughout the whole enclosure. In the project designed by Nuno Gusmão's atelier P-06, the hall of the briefing rooms stood out for the way in which the strong graphics on the walls went well beyond the usual function of providing information. The different lettering (on white metal plate) and the various compositions of words in English, French (NATO's official languages) and Portuguese,

Zona de refeições das delegações
Vista através do eixo principal para a zona de catering, no Pavilhão 2.

Delegations' catering area
View through the main axis to the catering area in pavilion 2.

Catering na área das delegações

Catering in delegation area

Gabinetes e áreas de trabalho das delegações
Cada nação membro da NATO teve no open space da área de trabalho das delegações um espaço próprio.

NATO delegation offices and business centre
Each member nation of NATO had its own space within the open space of the delegations' working area.

meant that the graphics took on an architectonic role. The graphics lent a strong sense of dynamism and rhythm to the place, as if it were a metaphor for this room's content. Note should also be made of the graphics placed in the unusual access gate to the press centre, designed in transparent acrylic sheets. Functioning as an effective wind break, it allowed visibility and visual permeability between the interior and exterior.

In the photo gallery, the different paces and perspectives of what went on in the spaces, the scale of the intervention is all clearly visible ina highly coherent fashion and with great architectonic sense. Fernando Guerra's direct perspective managed to capture the open spaces of the summit in comprehensive panoramic compositions, showing the great wealth of colour and detail. Whether photographed while still empty, in a state of absolute silence, or in full flow, showing the collective movement, what we see is the complexity of the proposed architecture, its horizontal and vertical lines, its different perspectives.

At the end of the 36 hours, this instant city began to be immediately taken down, but through photography this project and this fleeting city are preserved in the collective memory.

Conferência de imprensa do Secretário-Geral da NATO, Anders Fogh Rasmussen, na Sala Principal de Conferência de Imprensa

Press conference by NATO Secretary General Anders Fogh Rasmussen in the main press theatre

Foyer de conferências de imprensa
No Pavilhão 3, que faz parte do Centro de Imprensa, as salas de conferências e outras funções de apoio agrupavam-se em torno do grande foyer, que não só servia de distribuição, como também de espaço de estadia.

Briefing lobby area
In pavilion 3, which formed part of the International Media Centre, the conference rooms and other support functions were grouped together around the large foyer, which not only served for distribution, but also as somewhere to just spend time.

UMA SEDE EFÉMERA PARA A CIMEIRA
AN EPHEMERAL SUMMIT CAMP

Karl Kegler

O «mundo interior» da Cimeira da NATO de Lisboa
Em Novembro de 2010, a Cimeira da NATO de Lisboa dominou, durante dois dias, as notícias políticas do mundo nos meios de comunicação social. Para este evento os arquitectos do Risco e os designers do P-06 criaram, nas naves da Feira Internacional de Lisboa, uma instalação temporária para a Cimeira, que não só satisfez as exigências rigorosas de um evento desta dimensão, como também definiu padrões no âmbito da sustentabilidade e do design de comunicação. Os espaços (de comunicação) realizados constituíram o enquadramento não só de um acontecimento político, mas também mediático.

The »inner world« of the Lisbon NATO summit
In November 2010, the NATO summit held in Lisbon dominated the political news of the media world for two days. For the purpose of the event, Risco architects and P-06 designers created a temporary summit installation in the halls of Lisbon's exhibition centre, which was designed not only to meet the stringent requirements for an event of this scale but also to set standards in terms of sustainability and communication design. The (communication) spaces that were created provided the framework not only for a political but also for a media event.

Quem seguir pelos noticiários da televisão a intervenção no Afeganistão, detectará, repetidamente, nos campos militares das tropas da NATO, os mesmos elementos: gabiões metálicos cheios de terra colocados lado a lado e empilhados uns sobre os outros. Estes «Hesco Bastions» rebatíveis e fáceis de transportar, originalmente provenientes do domínio da protecção civil contra cheias, encontram-se hoje em dia aplicados aos milhares nos campos militares instalados em regiões de crise.
Uma ligação entre este sistema de construção e a arquitectura efémera da Cimeira da NATO de Lisboa poderá parecer construída. Afinal, as arquitecturas destinadas a feiras e exposições também estão dependentes da pré-fabricação, modulação e utilização de componentes pré-fabricados, mesmo não tendo qualquer relação com o sector militar. Por outro lado, a referência às exigências logísticas e organizativas de um campo militar consegue pôr em evidência uma série

Pequena sala de conferências de imprensa
Além da Sala Principal de Conferências de Imprensa, existiam outras salas, com 40 e 70 lugares.

Small press briefing room
Besides the main press theatre, there were other rooms for 40 and 70 people.

de características da solução realizada em Lisboa. O simples plano de instalar, no espaço da FIL junto ao Tejo, um centro de conferências personalizado e altamente complexo para um período de utilização efectiva de apenas 24 horas, para em seguida o desmontar, situa-se, só por si, completamente fora de qualquer conceito de continuidade ou durabilidade da arquitectura. O evento e o seu invólucro espacial transportam, independentemente de quaisquer resultados no que diz respeito ao conteúdo da conferência, através desta proeza no âmbito da logística, uma segunda mensagem oculta – a reivindicação e a capacidade de estar presente em todo o mundo com a logística correspondente. A imagem de acampamento militar, rapidamente instalado e desmontado com a mesma rapidez, corresponde talvez melhor, deste ponto de vista, ao importante evento de Lisboa, de grande encenação mediática, do que a comparação com uma exposição de feira industrial, a qual está aberta ao público durante várias semanas e que regressa periodicamente ao mesmo local de exibição. O mérito da equipa de arquitectos reside em ter tornado bem patente na sua arquitectura efémera este carácter altamente volátil, assim como de alcance poderosíssimo, da Cimeira de Lisboa.

Those who follow the television news on the military mission in Afghanistan will be familiar with certain elements that can be seen in the camps of the NATO troops: earth-filled wire cages, stacked on top of and next to each other, serving as barricades and protection against shrapnel. These foldable and easily portable »Hesco Bastions« were originally developed for the purpose of flood protection and are now used extensively in military camps in areas of conflict. The connection between this construction system and the ephemeral conference architecture of the NATO summit in Lisbon may seem far-fetched. After all, exhibition architecture is based on prefabricated, modularised systems and the use of finished parts even if it does not relate to the military in any way. On the other hand, the reference to the logistical and organisational requirements for a military camp illustrates a number of special characteristics that define the solution implemented in Lisbon. Indeed, the plan to install a tailor-made and highly complex conference centre in the exhibition grounds on the Tagus River, which would be used for a mere 24 hours before being dismantled again, is beyond any concept of sustainable or permanent architecture. The event and its spatial shell not only provided a contextual framework for the conference but conveyed a hidden message through the logistical tour de force with which it was created: the intention and ability to be present anywhere in the world with the right logistics. With this in mind, it is fair to say that the image of a military camp, which is quick to install and just as quick to take down, depicts this major media event in Lisbon more aptly than that of an exhibition which opens for a few weeks and returns to the same exhibition venues on a regular basis. It is thanks to the team of architects that the extremely fleeting yet powerful character of the Lisbon conference found expression in its ephemeral architecture.

A reduzida duração da utilização, o elevado número de participantes e o programa espacial complexo, bem como a necessidade de minimizar os tempos de montagem e desmontagem, colocam, a montante da Cimeira, enormes exigências a uma solução satisfatória do ponto de vista da logística, da concepção, bem como do orçamento. O funcionamento corrente do recinto da feira permitia apenas uma janela de tempo de três semanas para a montagem do centro de conferências. O desafio de ter de construir, nesse período de tempo, um centro de conferências altamente profissional, para cinquenta delegações nacionais e mais de dois mil e quinhentos jornalistas, define a especial dificuldade da tarefa e a qualidade da solução encon-

Jantar de trabalho dos Ministros dos Negócios Estrangeiros

Working dinner for NATO Ministers of Foreign Affairs

Sala Principal de Conferências de Imprensa
Nesta sala maior do Pavilhão 3 podiam seguir as principais conferências de imprensa até 450 jornalistas.

Main press theatre
In this, the largest room in pavilion 3, up to 450 journalists could follow the main press briefings.

Transmissão directa em horário nobre

Prime time live news bulletin

20h03   19.11.2010

trada. As inúmeras exigências no que se refere às negociações em grupos alargados e em pequeno grupo, à segurança, às comunicações e aos serviços de tradução, ao *catering* e à participação da imprensa, implicaram um programa espacial altamente complexo com duas salas de conferências de grandes dimensões, salas de conferências pequenas, dezenas de salas de reuniões, escritórios, um centro de imprensa, espaços para entrevistas e estúdios de realização e montagem. Como a fundação de uma cidade em ponto pequeno, o programa exigia espaços públicos e fechados, ligados entre si através de um sistema de sinalização de compreensão fácil, de modo a permitir uma orientação imediata dos participantes. Na qualidade de realizadora desta Cimeira, a NATO transmitiu um programa espacial de grande precisão para todas estas questões, nomeadamente no que dizia respeito às salas de trabalho, posição das câmaras e ângulo de visão dos jornalistas com a função de cobrir a Cimeira. Até para a tradicional fotografia de fecho, na qual se iriam reunir os chefes de Governo da Aliança, devia ser prevista uma solução espacial.

E um último paralelismo liga a arquitectura da Cimeira de Lisboa ao cosmos auto-referente de um acampamento militar, para o qual apenas um grupo de pessoas bem definido possui autorização de acesso e permanência. A arquitectura destinada à Cimeira internacional formulou, de certo modo, um mundo interior concentrado sobre si próprio, uma arca, uma mega-máquina personalizada para a consecução de um consenso político e regulada para a sua transmissão mediática. Nas salas de conferência não existia uma única janela que conduzisse o olhar para o exterior.

The short duration, the large number of participants and the complex spatial programme as well as the need to minimise installation and dismantling times required a solution that met the stringent demands in terms of logistics, design and not least economic considerations. Due to ongoing activities at the venue, the time frame available for the installation was a mere three weeks. The difficulty of the task and the quality of the solution was defined by the challenge of creating, within the given time frame, a highly professional conference centre for fifty-one national delegations and more than two and a half thousand journalists. The numerous requirements for negotiations in smaller and larger groups, for security, communication and translation services, for catering and for the involvement of the press called for a highly complex spatial programme comprising two large conference halls, dozens of smaller conference rooms, offices and meeting rooms, a press centre, areas for holding interviews as well as control and cutting rooms. The project was comparable to founding a city, but on a smaller scale, requiring public and private rooms which had to be connected via a user-friendly signposting system in order to allow participants to find their way around the venue. As the organiser of the summit, NATO addressed these questions by preparing a thorough spatial programme, taking into account workspaces, camera positions and angles of view for journalists reporting on the conference. There was even a separate spatial solution for the traditional group photo of the Alliance's heads of state attending the Lisbon summit.

And there is another, final parallel that links Lisbon's conference architecture to the self-contained cosmos of a camp which only a clearly defined group of people has the right to join and be a part of. The architecture for the international summit effectively formulated an inner world that was focused on itself, an ark, a mega-machine which was tailored to the processes of political consensus building and their portrayal by the media. Not a single window offered a view from the conference rooms to the outside world.

Reunião sobre o Afeganistão ao nível dos chefes de Estado e de Governo com a participação do Presidente do Afeganistão, do Secretário-Geral da ONU, do Presidente do Conselho da União Europeia, do Presidente da Comissão Europeia, do Presidente do Banco Mundial e do Presidente do Japão.

Meeting on Afghanistan at the level of heads of state and government also attended by the Afghan President, United Nations Secretary General, President of the EU Council, President of the EU Commission, World Bank representiv and Japan.

Plano urbanístico para uma mega-estrutura

O ponto de vista mencionado por último tem muito a ver com o facto de a especificação arquitectónica não definir o projecto de uma obra com uma fachada e uma identidade próprias, mas antes descrever uma estrutura secundária – uma «casa dentro da casa». A infra-estrutura da Cimeira foi criada no interior das quatro naves da feira projectadas por António Barreiros Ferreira e Alberto França Dória, em 1998, por ocasião da Exposição Mundial. O invólucro destas construções estabeleceu o «enquadramento» da Cimeira e definiu alguns elementos importantes para a infra-estrutura técnica e sanitária. As quatro naves, de dimensões iguais, estão alinhadas entre si ao longo das fachadas longitudinais e ligadas por uma única circulação linear ligeiramente excêntrica. A disposição preexistente de áreas no interior da mega-estrutura disponível prefigurou a organização da cidade da Cimeira em quatro lotes de dimensões iguais. Um efeito secundário positivo da estruturação preexistente foi o facto de os participantes na Cimeira e os jornalistas que acompanharam o evento durante 24 horas poderem dominar mais facilmente as respectivas áreas de actividade. As duas Naves 1 e 2, do lado sul, acolheram as salas de conferência e os delegados. A Nave 1 serviu para a instalação das salas plenárias e refeitórios dos ministros e chefes de delegação. Na Nave 2 foi instalado o quartel-general organizacional das delegações. As Naves 3 e 4, a norte, serviram para a imprensa, sendo a Nave 3 uma *mixed zone* para entrevistas e conferências de imprensa. A Nave 4 acolheu os estúdios e as áreas de realização, bem como um grande centro de imprensa internacional. Cada uma destas zonas de utilização dispunha de uma área de entrada própria. Os chefes de Estado acediam à área de conferências provenientes de sul, as delegações acediam às suas instalações na Nave 2 a partir de oeste e os jornalistas acediam ao centro de imprensa internacional vindos de norte.

O facto de as zonas dedicadas à imprensa e à Cimeira ocuparem áreas de dimensões semelhantes destaca o enorme significado que é atribuído à cobertura de eventos internacionais deste tipo feita pelos órgãos da comunicação social. Quase se é levado a dizer que a intensidade da atenção jornalística representa, ela própria, um evento mediático. Os comentadores dos maiores canais televisivos conduziam as suas reportagens sobre a Cimeira a partir de uma plataforma sobrelevada na Nave 4, em cujo fundo se podia ver, como maior volume espacial da totalidade da instalação, o centro dos órgãos da comunicação social da Cimeira. Uma vez que o palco propriamente dito das deliberações não era acessível, de forma permanente, durante a sua utilização, a actividade intensa no interior do centro de imprensa, difundida internacionalmente através das imagens televisivas, tornou-se a imagem de marca do grande evento em curso. Dada a divisão da área em duas partes, a zona da Cimeira e a zona da imprensa, de dimensões semelhantes, tornou-se lógica a localização do espaço para a «fotografia de família» dos chefes de Estado reunidos exactamente na interface entre as duas zonas.

Map for a mega-structure

The aspect mentioned above has a lot to do with the fact that the project brief did not call for the design of a building with its own façade and identity, but for a secondary structure – a »house within a house«. The conference infrastructure was created within the four exhibition halls erected by António Barreiros Ferreira and Alberto França Dória in 1998 for the World Exhibition. The shell of these structures served as the »framework« for the conference and provided some important elements for the technical and sanitary infrastructure. The four equally sized halls are situated next to each other, with their longitudinal sides adjoining one another, and are connected by a single linear corridor that is slightly off-centre. The given layout of the areas within the existing metastructure preconfigured the conference city into four equal-sized sections. One advantage of the predefined layout was that it allowed the conference participants and journalists, who followed the event for a period of 24 hours, to keep track of the relevant activities more easily. The two southern halls 1 and 2 accommodated conference rooms and delegates. The plenary and dining halls for ministers and heads of delegates were situated in hall 1, while hall 2 served as the organisational headquarters of the delegates. The northern halls 3 and 4 were occupied by the press: hall 3 was used as a »mixed zone« for interviews and press conferences, while hall 4 housed studios, control rooms and a large, international press centre. Each of these zones had its own entrance area. The heads of state entered the conference area from the south, while delegates arrived at their facilities in hall 2 from the west, and journalists accessed the international press centre from the north.

The fact that the area taken up by the press was similar in size to the area occupied by the conference itself illustrates the important role of the media at international events of this nature. One could almost be inclined to say that the sheer level of journalistic interest becomes a media event in itself. The presenters of the major television channels reported on the conference from a raised platform located in hall 4, in the background of which was the largest space of the entire installation: the media centre of the conference. As the main venue of events was not always accessible while consultations were underway, it was the images of the bustling activities in the press centre that were broadcast all over the world to document the ongoing mega-event. As the space was divided into two equal-sized areas for conference and press, it was only logical to take the »family photo« of the heads of state at the exact point at which the two areas adjoined.

Uma reflexão sobre o significado desta encenação mediática convida a reconhecer nela própria um motivo decisivo para o enorme esforço desenvolvido. Centros de conferências construídos de raiz para essas funções que pudessem ter facilmente albergado um evento deste tipo podem ser encontrados em várias cidades da Europa, nomeadamente em Bruxelas, onde se encontra a sede da NATO. Lisboa, com a sua localização simbólica junto ao Atlântico, ofereceu-se como local de realização da Cimeira, uma vez que a NATO – para além das resoluções da Cimeira – também pôde transmitir declarações indirectas de múltiplas formas: mobilidade, respeito por um pequeno Estado-membro e uma deslocação simbólica do centro de gravidade do centro para o sul da Europa. Tratar-se-á de um acaso que tenha sido escolhido como palco da Cimeira um terreno tornado conhecido internacionalmente através da exposição mundial de 1998 e com uma conotação positiva? À semelhança das mais recentes intervenções da NATO fora da Europa, a encenação e o controlo de imagens mediáticas mostram, sob estes pontos de vista, o seu extraordinário significado para a transmissão de objectivos estratégicos.

The level of media coverage of the event might suggest that this in itself was an important motif for the enormous effort that was undertaken. There are a number of established conference centres across Europe, not least at NATO's headquarters in Brussels, which could have easily accommodated an event of this nature. The Lisbon venue, with its symbolic location on the Atlantic Ocean was favoured, however, because it allowed NATO – apart from making resolutions – to convey several indirect messages simultaneously: mobility, respect for a smaller member state, and a symbolic shift of emphasis from central to southern Europe. Is it coincidence that the venue chosen for the conference had been well known internationally and positively

Conferência de imprensa do Secretário-Geral da NATO, do Secretário-Geral da ONU e Presidente do Afeganistão, precedida pela Assinatura da Declaração pelo Presidente do Afeganistão, Hamid Karzai, e pelo Secretário-Geral da NATO, Anders Fogh Rasmussen.

Joint press conference by the NATO Secretary General, the UN Secretary General and the Afghan President, preceded by the signature of a Declaration on an enduring partnership by the President of the Islamic Republic of Afghanistan Hamid Karzai and the NATO Secretary General Anders Fogh Rasmussen.

perceived since the World Exhibition in 1998? As is the case with recent NATO operations outside of Europe, these aspects illustrate the enormous significance of the impact and control that media coverage has when it comes to communicating strategic goals.

Circulação das peças pré-fabricadas

Regressando às exigências de cariz prático para a realização de um evento destas dimensões: uma decisão económica e organizativa precoce do planeamento da estrutura temporária foi a de, na medida das possibilidades, o *leasing* ou o aluguer de todos os materiais e instalações para, no final, lhes poder ser dada nova utilização. Para a delimitação dos espaços necessários, o atelier Risco optou por painéis de aglomerado de partículas de madeira longas e orientadas, os chamados painéis OSB, um material pré-fabricado, económico e de aplicações múltiplas. A fim de permitir a reutilização dos painéis, os projectistas desenvolveram um sistema de caixas-parede construtivas com uma espessura de 40 cm. 3000 painéis de 2,50 m × 1,25 m foram aparafusados, sem quaisquer cortes adicionais, para formarem caixas-parede deste tipo, as quais puderam ser unidas entre si na horizontal e na vertical, como um sistema de peças Lego. Só onde foi necessário ter em consideração exigências especiais como, por exemplo, no caso de portas, gabinetes de interpretação simultânea ou das paredes das salas de conferência de planta circular, foram cortados elementos de parede diferentes no mesmo material. Todos os

Eixo principal no Pavilhão 4
O Centro de Imprensa compreendia os Pavilhões 3 e 4, ligados pelo eixo principal. Enquanto o Pavilhão 3 tinha como função o contacto entre os media e as delegações, o trabalho de redacção era efectuado no Pavilhão 4.

Main axis in pavilion 4
The International Media Centre occupied pavilions 3 and 4, connected by the main axis. While pavilion 3 was used for contact between the media and the delegations, the editing work was carried out in pavilion 4.

Trabalho dos jornalistas na área de imprensa

Journalists in the press working area

12h00

Área de trabalho da imprensa
Sob a grande pala circular que dominava o Pavilhão 4 organizou-se a área, com 900 lugares, para os profissionais dos media.

Press working area
Under the large circular awning that dominated pavilion 4, the area was organised with 900 seats for the media.

20.11.2010

elementos foram pré-fabricados, montados no local e, depois da conferência, novamente desmontados nos seus componentes constituintes. O conceito escolhido e um planeamento preciso permitiram, deste modo, não só uma utilização racional dos materiais aplicados, mas também uma logística altamente eficiente. Durante a construção da cidade-cimeira, os elementos pré-fabricados no estaleiro da fábrica foram simplesmente unidos entre si. No local já não foram necessárias quaisquer adaptações adicionais. Uma vez que os projectistas não quiseram que o material fosse pintado ou revestido, a fim de permitir uma utilização posterior, todos estes procedimentos foram eliminados. Depois da desmontagem dos elementos das paredes restaram nos painéis apenas os orifícios utilizados para os aparafusamentos.

Nas situações para as quais tiveram de ser consideradas exigências de protecção acústica (no sector dos estúdios e nas áreas das entrevistas da Nave 3, para a qual estavam programadas várias conferências de imprensa a decorrer em paralelo, bem como nas divisões destinadas a conversações internas da Nave 2) foi aplicado um outro material. Aqui, os projectistas do Risco decidiram-se por elementos utilizados na construção de câmaras frigoríficas industriais. A vantagem da utilização de painéis de isolamento do tipo sanduíche é o facto de estes já possuírem o seu próprio sistema de juntas constituído por perfis metálicos, o qual permite tanto uma montagem como uma desmontagem simples. 95% dos elementos puderam ser, depois da Cimeira, reutilizados no sector a que se destinam, a construção de instalações frigoríficas.

Materials cycle

Back to the practical requirements for the implementation of a major event of this scale. When designing the temporary structure, the team made an early decision, based on economic and organisational considerations, to lease or rent all required materials and installations wherever possible, and find new uses for them after the event. Risco constructed the required rooms using oriented strand board (OSB), an industrially manufactured, versatile and inexpensive material. To allow for the boards to be re-used, the designers developed a system of modular wall boxes with a depth of 40 centimetres. Around 3,000 boards of 2.50 m by 1.25 m were screwed together without any further cutting to form wall boxes, which were then connected horizontally and vertically like Lego blocks. Areas requiring non-standard solutions – such as doors, interpreting booths or circular conference halls – were equipped with slightly different wall elements which were made from the same material but cut to size. All elements were prefabricated, assembled on site and dismantled after the conference. The chosen concept and accurate design not only allowed the re-use of materials but also provided the basis for highly efficient logistics. All that had to be done to build the conference city was to connect the prefabricated elements. There was no further cutting required on site. As the designers wanted to avoid painting or plastering to allow for the materials to be re-used after the event, these processes were also omitted. Following the dismantling of the wall elements, the boards were merely left with a few holes where they had been screwed together.

In areas requiring special sound protection – such as the studio and interview area in hall 3, in which several press conferences were to be held at the same time, as well as the internal meeting rooms in hall 2 – a different material was used. Here, the Risco designers chose prefabricated elements normally used in refrigerated warehouse construction. The advantage of these insulating sandwich panels is that they come with their own joining system of metal profiles, allowing easy installation and dismantling. After the conference, 95% of the elements used were made available for re-use in their principal area of application: the construction of refrigerated warehouses.

Um entre dezenas de encontros bilaterais que se realizaram durante a Cimeira

One of the dozens of bilateral meetings that took place during the summit

Espaços e proporções

A decisão da aplicação de um sistema de construção modular reutilizável diz pouco sobre a qualidade e as proporções dos espaços criados. No que se refere a esta situação, o Risco deixou-se guiar por um antiquíssimo fundamento arquitectónico – quanto maior a área, maior o pé direito do espaço. Falar de «pé direito» pode ser enganador na maioria dos casos, uma vez que as células da cidade-cimeira eram, na sua maioria, abertas em cima, deixando livre a visão da estrutura da cobertura de grandes vãos livres das naves da feira. As paredes destas células abertas sinalizavam, precisamente pelas suas proporções, a utilização prevista destas como espaço de reunião ou antes como divisão para conferências privadas.

As dimensões do módulo construtivo de painéis OSB permitiam escalonamentos de 2,50 a 5,00 m. A maior altura dos elementos de parede foi atingida na grande sala da Cimeira, com uma altura de quase oito metros. Os convidados do Estado que, ao ingressarem na área das conferências, percorriam primeiro uma zona de acesso semelhante a um túnel, entravam num átrio de dimensões impressionantes, que funcionava como área de distribuição para as salas da Cimeira e de conferência. Os participantes da Cimeira eram, então, recebidos, neste espaço sem iluminação natural, por uma «escultura» suspensa de tubos de luz fluorescente semelhante a uma nuvem brilhante ou a um cardume de peixes luminosos.

Apenas alguns espaços maiores receberam tectos com uma modelação relativamente mais dispendiosa, constituídos por elementos de suporte destinados à construção cénica, obtidos em regime de *leasing*, e peças de pano com estampado preto. É óbvio que, desta forma, os sistemas técnicos de climatização e iluminação puderam ser integrados na construção do tecto das salas de reuniões de grandes dimensões.

A grande sala circular da Cimeira, com cerca de 36 metros de diâmetro, foi o verdadeiro coração do evento. Na forma circular exprime-se, de forma simbólica, o carácter parlamentar e igualitário da Cimeira da Aliança. Os arquitectos optaram por esta forma simbólica, se bem que, do ponto de vista do sistema construtivo modular escolhido, tenha representado um gasto maior. Em termos espaciais, a contrapartida à sala da Cimeira encontrou-se, de certo modo, no lado norte das naves da feira, na grande sala do centro de imprensa internacional. Aqui, as paredes limitadoras formaram quase um imenso quadrado em cujo centro pairava um «ovni» preto, sob a forma de um elemento suspenso do tecto, dando ao espaço um centro específico.

Rooms and proportions

The decision to choose a re-usable, modular construction system gives little indication of the quality and proportions of the rooms. Here, Risco was guided by an age-old architectural principle: the bigger the floor space, the greater the room height. In most cases, though, it would be misleading to speak of »room height«, as the units of the conference city were mostly open at the top, offering a view of the ceiling structure of the vast exhibition halls. The wall proportions of these open units indicated their intended use, either as conference rooms or more private meeting rooms.

The OSB modules were available in various sizes ranging from 2.50 to 5.00 metres. The wall elements of the large conference hall were the highest, standing almost eight metres tall. After stepping into the conference area through a tunnel-like entrance, the guests of state found themselves in an unlit foyer of impressive dimensions, which provided access to the conference and meeting rooms. Here, the conference participants were greeted by a suspended »sculpture« made of fluorescent tubes, which resembled a bright cloud or a shoal of luminous fish.

Only a few large rooms were equipped with relatively elaborate ceiling structures, consisting of leased support elements normally used in stage construction and fabric panels with black prints. It goes without saying that the air-conditioning and lighting systems for the large meeting rooms were also integrated into the ceiling. The large, circular conference room with a diameter of just over 35 metres was the main centre of the event. The circular shape symbolises not only the parliamentary character but also the principle of equality that defines the NATO conference. The architects favoured this symbolic shape despite the fact that it required additional work due to the use of the modular construction system. The spatial equivalent of the conference room could be found on the opposite northern side of the exhibition halls: the large hall of the international press centre. Its boundary walls more or less formed a large square, in the midst of which floated a black UFO as a suspended ceiling element, providing a central focal point.

Madeira, azul e branco

A arquitectura temporária do centro de conferências da Cimeira obteve a sua qualidade especial através da interpenetração de arquitectura e design de comunicação. O conjunto dos dois criou um efeito muito característico. As cores próprias dos materiais de construção utilizados (a tonalidade da madeira dos painéis OSB não revestidos e o branco dos elementos de construção de câmaras frigoríficas) foram combinadas com elementos tipográficos de grandes dimensões. Nos grandes espaços representativos da sede da Cimeira foram utilizados oleados azuis para camiões como remate superior das «paredes» com o grande logótipo branco da Cimeira como elemento decorativo e símbolo de marca. Este material têxtil económico ofereceu-se como elemento ideal para esta situação, pois permite um remate visual do espaço, sem necessitar de estabilidade construtiva. Foram aplicados 3 500 metros quadrados desta tela. Os móveis e instalações alugados apresentavam-se, preferencialmente, nas cores neutras de branco e preto. Este tríton constituído pelo aglomerado de madeira, pelo branco e pelo azul, tornou-se o fio condutor visual de todos os espaços, se bem que as respectivas percentagens de cor pudessem variar de nave para nave, a fim de dar a cada zona um carácter individual. A superfície não tratada do aglomerado de madeira e o material simples dos oleados azuis estampados tornavam claro, em todos os espaços, que a arquitectura da Cimeira representava uma construção provisória – uma quebra consciente numa encenação mediática que, no restante, tendeu para uma configuração da perfeição.

De uma forma menos dominante, a modelação do pavimento apoiou a orientação dos participantes nas grandes naves. Uma alcatifa preta sinalizou os percursos de ligação e as zonas de deslocação, a alcatifa cinzenta as áreas de trabalho e as salas de espera – um sistema de orientação, que sem grandes explicações, era intuitivamente compreensível para os utilizadores. Na realidade, não é de uma forma muito diferente que todos os condutores encontram o seu caminho numa estrada de asfalto.

Wood, blue and white

The interplay between architecture and communication design lent a special quality to the temporary architecture of the conference centre. Together, they created a very specific effect. The colours of the construction materials – the wood tone of the uncoated OSB panels and the white of the refrigerated warehouse elements – were combined with large typographic ele-

Intervalo durante a reunião do Conselho do Atlântico Norte ao nível dos chefes de Estado e de Governo, com a participação do Presidente do Conselho da União Europeia

Interval during the North Atlantic Meeting at the level of heads of state and government with the participation of the President of the EU Council

UMA SEDE EFÉMERA PARA A CIMEIRA AN EPHEMERAL SUMMIT CAMP 45

Escada do TV stand-up
O Pavilhão 4 era dividido em duas partes por um volume, onde tinham lugar serviços centrais da organização do Centro de Imprensa. A sua cobertura foi usada para TV stand-up dos numerosos canais de televisão.

Stairs of the TV stand-up
Pavilion 4 was divided into two parts by a volume where the central services of the International Media Centre's organization were carried out. Its roof was used for the TV stand-up of the many television channels.

20.11.2010

ments. Lining the top of the walls in the large rooms of the conference camp was blue lorry tarpaulin, which featured the white logo of the conference as decoration and trademark symbol. The inexpensive textile material was ideal for these areas, as it provided a visual border but did not require any structural stability. A total of 3,500 square metres of tarpaulin was used. The preferred colours of the leased furniture and installations were neutral shades, white or black. The triad of »OSB«, blue and white provided the visual theme throughout the rooms, with slight variations in colour to give each area its own individual character. The untreated surfaces of the OSB panels and the simple material of the printed, blue tarpaulin emphasised the provisional nature of the conference architecture throughout the rooms – a deliberate clash with the otherwise perfect design of this media event.

The slightly less prominent design of the floor helped the participants find their way around the large halls. Black carpets indicated routes and passageways; grey carpets were used for work and communal areas – an orientation system which was self-explanatory and easy to follow, a bit like driving along an asphalt road.

Ligação em rede
Invisível, tanto atrás das transparências como dos elementos de parede, houve uma infra-estrutura que, mais do que quaisquer outras, determinou o efeito da Cimeira numa época dos meios de comunicação electrónicos: uma cablagem de enorme complexidade facultou não só às delegações de 51 países presentes na Cimeira interpretação simultânea na sua língua de origem, como também disponibilizou aos dois mil e quinhentos jornalistas acreditados transmissões de áudio e vídeo em sequência, capacidades de comunicação, bem como acesso à Internet. Em simultâneo realizaram-se processos de escrutínio com as capitais e ministérios das delegações que tinham de estar protegidos contra escutas não autorizadas. Talvez tenha sido a referência a esses fluxos de dados o motivo pelo qual os designers da P-06 escolheram uma complexa rede esférica de linhas entrecruzadas como imagem gráfica e tema de fundo da Cimeira. Não descreve uma fortaleza, mas sim um nó de comunicações que, em Novembro de 2010, difundiu, durante dois dias, sinais para todo o mundo.

Networking
Hidden behind banners and wall elements was an infrastructure which defined the success of the conference more than anything in the age of electronic media: a highly complex cabling system, which not only offered simultaneous interpreting services to conference delegates from fifty-one countries in their mother tongue, but also provided the two and a half thousand accredited journalists with audio and video streams, communication facilities and Internet access. At the same time, the delegates participated in coordination processes with capital cities and ministries, which had to be protected against unauthorised listeners. Perhaps it was with reference to these data streams that the P-06 designers chose a complex spherical network of intersecting lines as a graphic image and background theme for the conference. Rather than a fortress, it described a communication node, which, for two days in November 2010, sent out signals across the world.

Momentos de pausa no Centro de Imprensa

Break times in the International Media Centre

UMA SEDE EFÉMERA PARA A CIMEIRA AN EPHEMERAL SUMMIT CAMP 47

TV stand-up
A posição elevada do TV stand-up permitia emissões em directo com a área de trabalho da imprensa e a sua pala como pano de fundo. Na véspera da Cimeira, as cadeiras vazias esperavam pelos seus ocupantes.

TV stand-up
The elevated position of the TV stand-up allowed live broadcasts with the press working area and its awning as the backdrop. The empty chairs awaited their occupants on the eve of the summit.

20.11.2010

Reportagem em directo
No dia da Cimeira, os espaços rapidamente se encheram de vida, contando com a participação de 2 500 jornalistas e 110 estações de televisão.

Live reporting
On the day of the summit, the spaces quickly filled with life, helped by the presence of 2,500 journalists and 110 television stations.

Linha do tempo 24 horas
Timeline 24 hours

UM OVNI POUSOU EM LISBOA
A UFO LANDED IN LISBON

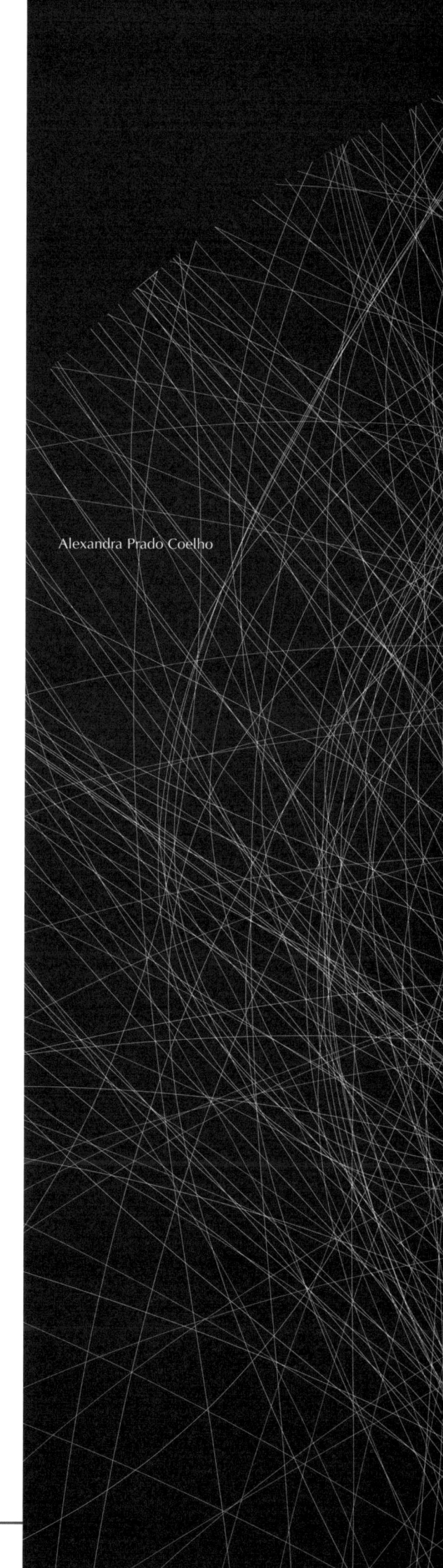

Alexandra Prado Coelho

É uma construção temporária. Feita para ser usada durante um dia – quando muito dois. Mas isso não invalida que tenha que ser pensada ao pormenor. Durante um dia – ou dois – as atenções do mundo estarão viradas para este espaço. Ele não será o protagonista da Cimeira da NATO em Lisboa, mas será o pano de fundo para os protagonistas – líderes mundiais e respectivas comitivas, funcionários atarefados segurando pastas com documentos *top secret*, seguranças atentos varrendo o espaço com o olhar à procura de qualquer sinal suspeito, jornalistas apressados tentando conseguir mais informações do que o colega do lado.

Como se pensa um espaço assim? Um espaço que será visto por todos e, ao mesmo tempo, não será visto por (quase) ninguém. Que deve apagar-se o suficiente para servir os propósitos para os quais foi concebido, mas destacar-se o suficiente para que, algures na memória dos que o atravessaram e dos que o viram nas televisões ou nos jornais, fique uma imagem.

It is a temporary construction. Made to be used for just one day – two at the most. But that does not mean that it does not have to be planned in detail. For one day – or two – the world's eyes will be on this space. It will not be the protagonist of the NATO summit in Lisbon, but it will be the backdrop for the protagonists – world leaders and their respective retinues, busy staff clasping folders with top secret documents, watchful security personnel scanning the space looking for anything suspicious, scampering journalists trying to get more information than the others.

How do you plan a space like this? A space that will be seen by everyone and, at the same time, will not be seen by (almost) anyone. That should be sufficiently subtle to serve the purposes for which it was designed, but stand out sufficiently so that an image will remain somewhere in the memory of those who passed through it and of those who saw it on television or in the newspaper.

Um espaço de representação, de espectáculo mediático. Aqui, durante algumas horas, os sorrisos vão ser medidos, os apertos de mão estudados. Há mensagens a passar – umas para serem ouvidas apenas por uma pessoa, outras pelo mundo. É preciso que tudo esteja pronto e que nada falhe. É preciso criar a coreografia perfeita para perto de quatro mil pessoas – 43 chefes de Estado, 51 delegações, 110 estações de televisão e 2500 jornalistas.

Em primeiro lugar há uma estrutura, a Feira Internacional de Lisboa (FIL), e é preciso criar um espaço diferente no interior desta. Para quem pensa a arquitectura num cenário destes – neste caso o atelier Risco – há uma preocupação essencial: os percursos têm que ser claros, evidentes. Não se pode correr o risco de deixar o Presidente do país mais poderoso do mundo perdido sem saber como se chega à casa de banho. Não pode haver hesitações, entradas em salas erradas, confusões – e ninguém tem tempo para aprender. A orientação tem que ser dada pelo próprio espaço, e pela sinalização para ele pensada.

E, ao mesmo tempo, os vários espaços têm que ser concebidos para que os percursos dos vários protagonistas não se cruzem. Ou se cruzem apenas quando estes quiserem. Há cores – aqui também impera a lógica da leitura fácil e imediata. Os jornalistas são amarelos e só podem circular nas áreas para os amarelos; os membros das delegações oficiais são azuis e podem circular nas suas áreas e também nas dos amarelos. Os funcionários do círculo mais próximo dos chefes de Estado são vermelhos, e podem ir a todo o lado. E os chefes de Estado... esses têm um discreto pin. Todos circulam no mesmo espaço, criado para um dia. E ninguém deve cruzar as linhas pré-estabelecidas.

A space of representation, a media spectacle. Here, for a number of hours, smiles will be measured, handshakes studied. There are messages to be passed on – some to be heard by only one person, others by the world. Everything needs to be ready and nothing must fail. The perfect choreography has to be set up for close to four thousand people – 43 heads of state, 51 delegations, 110 television stations and 2,500 journalists.

In the first place there is a structure, the Lisbon International Fair (FIL) inside of which another different space has to be created. For those who have to think about architecture in a scenario like this – in this case, the atelier Risco – there is one essential concern: the pathways have to be clear, evident. You cannot run the risk of having the President of the most powerful country in the world lost on his way to the bathroom. There can be no hesitation, going into the wrong rooms, confusion – and no-one has time to go looking. Spatial orientation has to be provided by the space itself, and by the signage designed for it.

And, at the same time, the various spaces have to be conceived so that the routes of the various protagonists do not cross. Or if they do cross, it is only when they want them to. There are colours – where easy and immediate interpretation is also paramount. Journalists are yellow and can only circulate in the yellow areas; members of the official delegations are blue and may circulate in their areas and also in the yellow areas. Staff belonging to the innermost circle of the heads of state are red and may go anywhere. And the heads of state... these have a discrete badge. All circulate in the same space, created for one day. And no-one should cross the pre-established lines.

Mas nem só de circulação se faz uma cimeira. É preciso criar vários espaços diferentes para diferentes encontros: uma sala principal para a cimeira propriamente dita; uma sala igual à primeira mas mais pequena; salas para encontros bilaterais, uma *listening room* para quem quer acompanhar os trabalhos mas não cabe na sala principal; outra para os seguranças privados dos chefes de Estado, que podem (e devem) ver mas não devem ouvir; três salas de refeições; espaços de trabalho das delegações. E depois as zonas para a comunicação social: o grande centro de imprensa e

Chegada do Presidente da Rússia, Dmitri Medvedev

Arrival of the Russian President Dmitry Medvedev

13h10

as salas de *briefing*. Havia neste projecto uma condicionante prévia que acabou por marcar a imagem do espaço: todo o material teria que ser reciclável. Nada seria comprado. Tudo seria alugado e posteriormente devolvido. Materiais temporários para um espaço temporário. Havia, além disso, um tempo limitado para a montagem do que seria o mundo da cimeira dentro da FIL. Tempo limitado que obrigou a planear a montagem como se de um Lego se tratasse. Placas de madeira com tamanho predefinido para poderem ser devolvidas ao fornecedor. Alcatifa usada no transporte de materiais. Estruturas metálicas utilizadas pela indústria do frio. Simplicidade e nenhuma ostentação. E, no entanto, era necessário criar uma identidade para o evento. Uma imagem que ficasse. Criou-se (com o atelier P-06) uma identidade gráfica de grande escala – letras enormes a preto sobre a madeira, ou a preto e azul sobre as paredes brancas das salas de *briefing*. Perfeito para os fotógrafos. As fotos brincavam com diferentes perspectivas usando as letras. Por todo o lado se via a palavra Lisboa. E uma das imagens mais reproduzidas foi precisamente a do Primeiro-Ministro português, José Sócrates, o Secretário-Geral da NATO, Anders Rasmussen e o Presidente da Rússia, Dmitri Medvedev, a passarem em frente das letras, à entrada da FIL, com o enquadramento a deixar ler apenas três delas: BOA.

But a summit is not made from lines alone. Various different spaces have to be created for different encounters: a main hall for the summit itself; a hall just like the main one but smaller; rooms for bilateral encounters, a listening room for those who want to accompany the events but who do not fit in the main hall; another for the private security guards of the heads of state,

BOA
«Perfeito para os fotógrafos. As fotos brincavam com diferentes perspectivas usando as letras.»

BOA
»Perfect for photographers. The photos played with different perspectives using the letters.«

Reunião de Conselho NATO-Rússia ao nível dos chefes de Estado e de Governo

NATO Russia Council Meeting at the level of heads of state and government

14h00

Reunião do Conselho do Atlântico Norte

Nos encontros ao nível dos chefes de Estado e de Governo reuniam-se as delegações, tendo à sua disposição 72 lugares à mesa e 300 atrás.

Meeting of the North Atlantic Council

The delegations met at the encounters of the heads of state and government, with 72 places at table and 300 others around it.

20.11.2010

who can (and should) see but not hear; three rooms for meals; work spaces for the delegations. And then the zones for the media: the large press room and briefing rooms.

There was a prior conditioning factor in this project that ended up by influencing the space's image: all the material had to be recyclable. Nothing would be bought. Everything would be hired and later returned. Temporary materials for a temporary space. Besides this, there was limited time to erect what would be the world of the summit inside the FIL. A time limit that meant that the assembly had to be planned as if it were Lego. Wooden boards of a pre-defined size that could be returned to their supplier. Carpeting used in the transportation of materials. Metal structures used by refrigeration professionals. Simplicity and no ostentation.

And, in the meanwhile, it was necessary to create an identity for the event. An image that would stick. A large-scale graphic identity was created (with the atelier P-06) – enormous black letters on wood, or in black and blue on the white walls of the briefing rooms. Perfect for photographers. The photos played with different perspectives using the letters. The word Lisboa was everywhere. And one of the most reproduced images was precisely that of the Portuguese Prime Minister, José Sócrates, the Secretary-General of NATO, Anders Rasmussen and the President of Russia, Dmitri Medvedev, passing in front of the letters in the entrance to the FIL, framed so that you could read only the last three letters: BOA (which means »good« in English).

Mas se olharmos para as fotografias publicadas na imprensa durante esses dias, a imagem mais forte desta cimeira da Aliança Atlântica é a do «disco voador» suspenso sobre a mesa de trabalhos na sala principal e depois replicado no imenso espaço da sala de imprensa. Trata-se de duas salas particularmente «visíveis» se pensarmos na cimeira como um espectáculo mediático (que ela, inegavelmente, é).

A primeira é a sala a que só os fotógrafos e operadores de câmara têm acesso durante alguns momentos antes do início dos trabalhos – uma imagem que geralmente é muito utilizada nos telejornais e jornais por, teoricamente, mostrar o local onde serão tomadas as grandes decisões e onde, de certa forma, podemos ter a sensação de estar mais próximos do que é a realidade da Cimeira.

Media esperando a chegada dos políticos para as conferências de imprensa

Media waiting for the arrival of the delegation members for the press conferences

15h10

Aí tinham que caber 300 pessoas numa área sem pilares e com garantias de total insonorização. A solução do disco serviu esse fim. Ao mesmo tempo evitou-se fechar completamente a sala, o que traria inevitáveis problemas de colocação de ar condicionado devido à grande concentração de pessoas. A finalização das paredes no topo fazia com que o som batesse e voltasse para o interior. Não havia risco de algum segredo de Estado ser ouvido no exterior.

A segunda é a sala mais filmada de todo o acontecimento. É aí que os jornalistas trabalham e é esse espaço que é usado como pano de fundo quando há directos – daí que houvesse uma zona mais elevada, de onde cada televisão podia filmar o seu jornalista a falar, com a sala ao fundo. E o que cria um impacto dramático numa sala que, se não fosse assim, seria apenas um grande *open space* com mesas, cadeiras e computadores, é a imagem do enorme disco, que tem a função muito prática de servir de suporte às luzes.

Havia, por fim, as salas de *briefings*, também palco de trabalho dos jornalistas. E nestas, uma opção arriscada: a alcatifa branca. O risco era, evidentemente, de que esta acabasse suja por tantos sapatos que por ela passariam. Mas não aconteceu. E terá sido mais um dos pormenores que, discretamente, marcam uma imagem, uma identidade.

But if we look at the photographs published in the press during these days, the most striking image of this Atlantic Alliance summit is that of the »flying disk« hung over the work table in the main hall and later replicated in the immense space of the press room. These are two particularly »visible« rooms if we look at the summit as a media spectacle (which it most certainly is). Photographers and cameramen have access to the first hall for only a few moments before the talks begin – an image that is generally much used in the TV news and newspapers as it, in theory shows the place where the major decisions will be taken and where, in a way, we can feel like we are closer to what the summit is really like.

300 people had to fit into this area without pillars and with guaranteed total sound-proofing. The solution of the disk served this purpose. At the same time it avoided closing off the hall completely, which would cause inevitable problems in terms of the placement of the air condi-

Retrato de família
Para o obrigatório retrato de família foi construído um espaço próprio entre os Pavilhões 2 e 3 onde, durante alguns minutos, os dois mundos da Cimeira estiveram frente a frente, quase em igualdade.

Family portrait
A purpose-built space was set up between pavilions 2 and 3 for the obligatory family portrait where, for a few minutes, both worlds of the summit came face to face, almost on the same footing.

20.11.2010

tioning due to the large concentration of people. The finalization of the walls at the top meant that the sound would bounce off and return to the inside. There was no risk of State secrets being heard on the outside.

The second is the most filmed room of the whole event. This is where the journalists work and it is this space that is used as a backdrop in live reports – which is why there was a raised area, from where each television channel could film its journalist speaking, with the room in the background. One thing that created a dramatic impact in a room which otherwise would just be a large open space with tables, chairs and computers, was the image of the enormous disk, which had the very practical function of serving as the support for the lights.

Lastly, there were the briefing rooms, another stage for the journalists' work. And in these, a risky option: white carpet. The risk was, evidently, that this would become dirty from all of the shoes walking over it. But it did not happen. And it was another of the details that, discretely, helped to create an image, an identity.

Perguntámos a uma jornalista portuguesa que cobriu a Cimeira como recordava o espaço. «*Recordo a madeira. E o branco.*» Foi a resposta, após breves instantes de reflexão para regressar uns meses atrás e a um momento no qual o espaço não era certamente o centro das suas atenções. A resposta é importante para perceber quais são as impressões profundas, aquelas que quem passou por aquele espaço reteve. E prova de que a conquista de uma identidade foi inteiramente conseguida. O que ficou na memória da jornalista foi a imagem de um espaço simples, depurado, sem ostentações. Não sabia sequer que a alcatifa das salas de *briefing* era branca (nos outros espaços era cinzenta, com excepção da sala principal da Cimeira e da

Conferência de imprensa
Com a sala em funcionamento, as cores trazidas pelas pessoas compõem, sobre o fundo branco do espaço, uma imagem sempre diferente.

Press conference
With the room in action, the colours worn by the people formed a constantly changing image on the white background of the space.

«clone» desta, em que era preta), tinha apenas a impressão geral de clareza, nitidez. E recordava ainda o espaço (que guarda fotografado no telemóvel) da sala de imprensa e do «disco voador» que, na sua opinião, era o que fazia a diferença naquela enorme zona de trabalho.

Os políticos sempre precisaram de espaços de representação – que podem ser diferentes consoante as mensagens que precisam de transmitir. Em 1775, na cerimónia de inauguração da estátua equestre de D. José I no Terreiro do Paço, o Marquês de Pombal organizou opulentas comemorações e, dado que a praça estava ainda incompleta, foi erguida uma fachada falsa (um exemplo de arquitectura temporária) para que parecesse completa para os magníficos desfiles que aí se apresentaram.

We asked a Portuguese journalist who covered the summit how he remembered the space. »*I remember the wood. And the white.*« was the answer, after just brief instants of thought to go a few months back to a time when the space was certainly not the centre of his attention. The answer is important for knowing which were the most striking impressions, those retained by whoever was there. And proof that an identity was fully achieved. What stayed in the journalist's memory was the image of a simple, unostentatious space. He did not even know that it was the carpeting in the briefing rooms that was white (in the other spaces it was grey, with the exception of the main hall of the summit and its »clone«, where it was black), he just had the general impression of clarity, distinctness. And he also recalled the space (of which he kept a photograph on his mobile phone) of the press room and of the »flying disk« which, in his opinion, was what made the difference in that enormous work space.

Politicians always need spaces of representation – which may differ according to the message they need to convey. In 1775, in the ceremony to unveil the equestrian statue of King Joseph I in Terreiro do Paço Square, the Marquis of Pombal organised opulent commemorations and, given that that square was still incomplete, a false façade was put up (an example of temporary architecture) so that it would look finished for the magnificent parades that were put on there.

Mas se numa monarquia a ideia é que a representação seja espectacular, numa democracia as preocupações são outras. Quando falam dos jardins da Casa Branca, ou da Sala Oval, os Presidentes americanos querem dar uma imagem de proximidade, de um espaço quase íntimo que partilham com os cidadãos. As cimeiras, sejam da NATO, da União Europeia ou do G8, tornaram-se, nos últimos anos, frequentemente alvo de protestos e manifestações, e são vistas como um evento caro. É por isso cada vez mais fundamental – sobretudo em tempos de crise económica grave como a que atravessamos, e de crescentes preocupações com a sustentabilidade – que se passe uma mensagem de contenção, de cuidado em evitar desperdícios. É isso que os materiais recicláveis usados pelo Risco (e acima de tudo as placas de madeira, que são as que têm maior visibilidade) fazem muito bem. Este é um espaço de comunicação – e, de diversas formas, comunica com todos os cidadãos.
A Cimeira termina. É preciso desmontar a estrutura. Desconstruir o *Lego*. As peças separam-se e voltam aos fornecedores. Em pouco tempo a FIL regressa ao seu estado original. Como um ovni que retorna ao seu planeta, o espaço da Cimeira desaparece sem deixar rasto. Quase temos dúvidas de que algo se tenha ali passado apenas uns dias antes.

Conferência de imprensa final do Secretário-Geral da NATO na Sala de Conferência de Imprensa Principal

NATO Secretary General's press conference in the main press theatre

É isto um espaço temporário. Serviu as suas funções, tudo funcionou na perfeição. Fica a imagem – a que os meios de comunicação registaram e a que perdura na cabeça dos que o utilizaram, sejam o segurança, o jornalista ou o Presidente. E fica a mensagem que quis transmitir. Por aí se pode medir a boa arquitectura, mesmo quando ela já lá não está.

But whereas for a monarchy the idea is for representation to be spectacular, a democracy has other ideas. When one speaks of the gardens of the White House, or of the Oval Room, American Presidents want to give an image of proximity, of an almost intimate space that they share with their citizens.

In recent years, summits, whether of NATO, of the European Union or of the G8, have frequently become the target of protests and manifestations, and are looked on as expensive events. This is why it is increasingly fundamental – especially in times of a serious economic crisis like the one we are going through now, and with growing concerns over sustainability – that a message of containment and trying to avoid waste is passed on. This is what the recyclable materials used by Risco (and above all the wooden boards which were the most visible) do very well.

This is a space of communication – and it communicates with all citizens in a number of ways. The summit ends. The structure has to be taken down. Pull the Lego apart. The pieces come away and return to the suppliers. In little time the FIL returns to its original state. Like a UFO that returns to its planet, the space of the summit disappears without a trace. We almost doubt that anything happened there just a few days before.

This is what a temporary space is. It performed its functions, and everything worked perfectly. The image remains – that which was recorded by the media and which lasts in the heads of those who used it, whether they be security guards, journalists or the President. And the message it set out to convey also remains. This is how you can gauge good architecture, even when it is no longer there.

Trabalho da imprensa
O Centro de Imprensa esteve em funcionamento até ao meio-dia de domingo.

The press at work
The International Media Centre was operational until midday on Sunday.

DESCRIÇÕES E DESENHOS

DESCRIPTIONS AND DRAWINGS

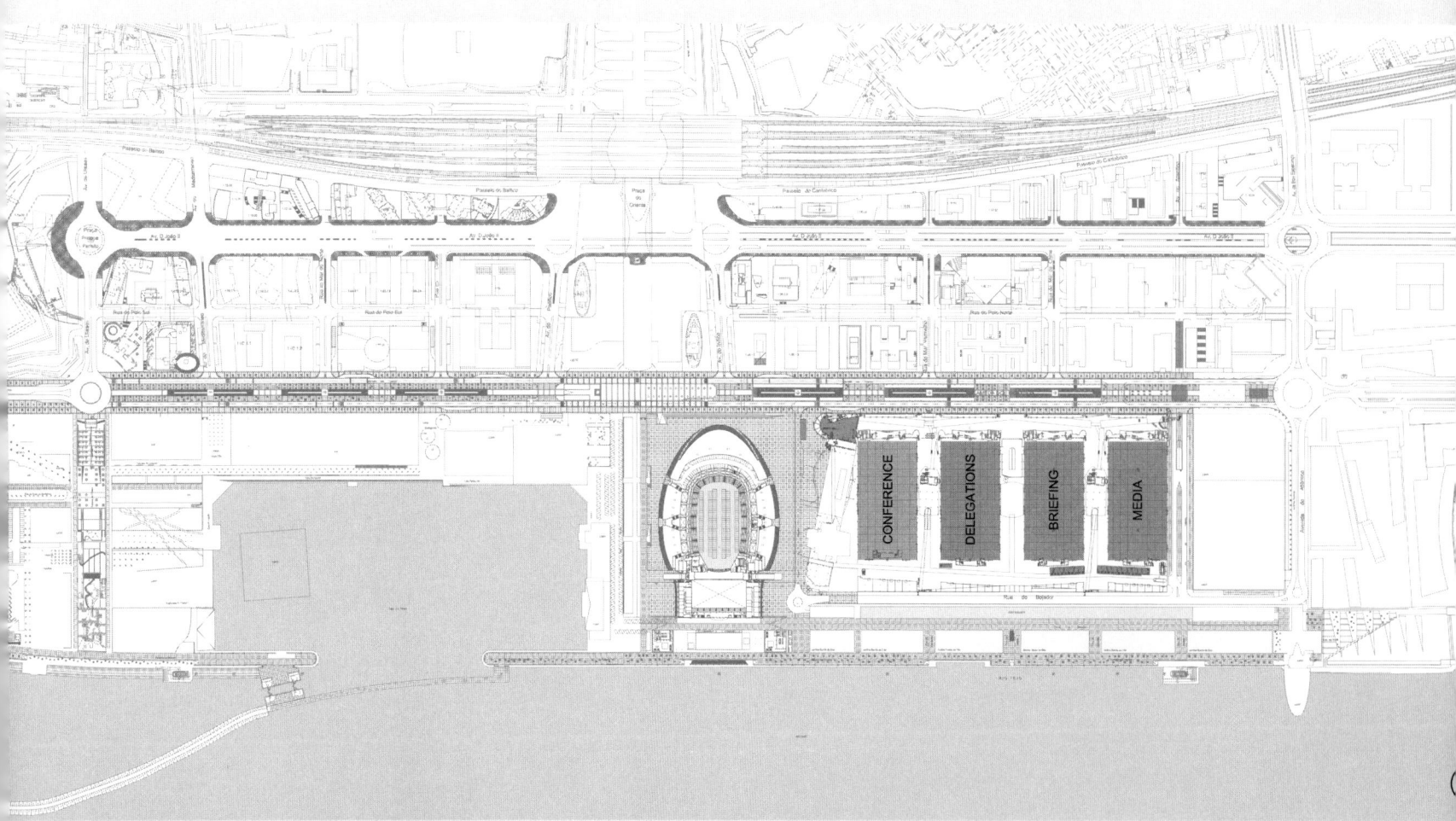

Implantação Site plan
1/8000

CONTEXTO E PROJECTO

CONTEXT AND PROJECT

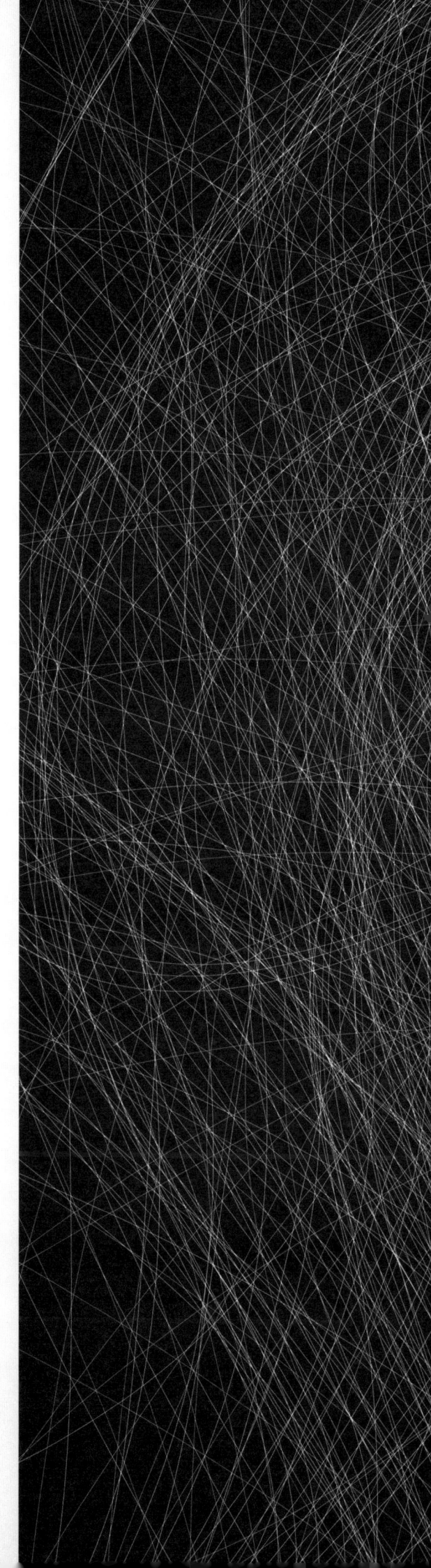

Nos dias 19 e 20 de Novembro de 2010 realizou-se em Lisboa a 22ª Cimeira da NATO. Estes encontros, realizados de uma forma periódica desde 1957, proporcionam aos chefes de Estado e aos chefes de Governo dos países membros a oportunidade de avaliar e definir orientações estratégicas da NATO. Para além de todos os países membros, esta Cimeira teve a participação de delegações de 23 Estados não membros e foi coberta por 110 estações de televisão e 2500 jornalistas no local. O programa arquitectónico para a execução deste evento foi definido pela NATO e determinava a construção de salas de reunião, salas de jantar de trabalho, gabinetes, salas de encontros bilaterais, instalações para as delegações, salas de conferência de imprensa, um centro de imprensa e um *TV Compound*, num total de 35 000 m².

Lisbon hosted the 22nd NATO summit on the 19th and 20th of November, 2010. These encounters, held regularly since 1957, provide the heads of state and government of the member countries with the opportunity to assess and define NATO's strategic guidelines. Besides all of the member countries, this summit was also attended by delegations from 23 non-member States and was covered by 110 television stations and 2,500 on-location journalists. The architectonic programme for the execution of this event was defined by NATO and required the construction of meeting rooms, rooms for working meals, offices, bilateral encounter rooms, installations for the delegations, press conference rooms, a press centre and a TV compound, in a total of 35,000 m².

O local escolhido foi a Feira Internacional de Lisboa (FIL), não só pelas dimensões e flexibilidade adequadas, como pela sua privilegiada localização na cidade de Lisboa. A FIL localiza-se sobre a margem do rio Tejo, no extremo oriente da cidade de Lisboa, no bairro que nasceu durante a restruturação desta antiga área industrial para a Exposição Mundial de 1998. Esta zona representa um Portugal

principais nós de transporte público, atravessando a zona de segurança até ao *drop off* no extremo norte do recinto, onde foi feito o controlo e acreditação num pequeno pavilhão sobre a Alameda dos Oceanos. A entrada era feita em seguida directamente pelo Pavilhão 4 ao Centro de Imprensa (*International Media Centre*). A entrada do *catering* e serviços, foi feita na zona nordeste do recinto, criando assim a possibilidade de acesso a todos os pavilhões através dos pátios interiores da FIL.

The place chosen was the Feira Internacional de Lisboa (FIL – Lisbon International Fair), not only because it had the right dimensions and flexibility, but for its privileged location in the city of Lisbon. The FIL is right on the banks of the River Tagus, in the east end of the city of Lisbon, in the extensive neighbourhood that was created during the restructuring of this former industrial area for the 1998 World Exposition. This zone represents a contemporary and modern Portugal and is well connected by road and public transports to the historic centre of Lisbon and to the airport.

contemporâneo e moderno e oferece boas ligações viárias e de transporte público ao centro histórico de Lisboa e ao aeroporto.

Apesar de as instalações da Cimeira ocuparem apenas os quatro pavilhões da FIL, durante o período da sua duração o evento teve impacto ao nível de todo o bairro. Foram impostas áreas de segurança em torno da FIL, que condicionaram o acesso ao público em geral, definindo-se caminhos de acesso viário específicos para os diferentes grupos de participantes da Cimeira, até aos seus pontos de *drop off* distintos. O grupo dos chefes de Estado (*heads of state*), com os seus carros individuais, tinha acesso directo ao recinto, chegando directamente à porta cerimonial situada no topo sul do complexo. Esta porta, criada para o efeito, encontra-se sob a pala da entrada principal da FIL, dando acesso directo ao *foyer* das salas de conferência no Pavilhão 1. O segundo grupo, constituído pelas delegações dos vários países, chegava através do mesmo caminho, realizando o *drop off* sob a mesma pala uns metros mais adiante, e entrava no Pavilhão 2 através das galerias existentes da FIL, onde se encontravam as suas salas de trabalho. O estacionamento das viaturas destes dois grupos foi realizado no Pavilhão Atlântico e sua envolvente, reservado exclusivamente para o evento.
Os media chegaram ao recinto da Cimeira através de um *shuttle service* entre a Estação do Oriente, um dos

Although the installations of the summit only occupied the four pavilions of the FIL, while the event was on it affected the whole neighbourhood and bordering zones due to the security perimeter imposed around the FIL, which restricted access for the public in general, defining specific road access routes for the different groups of participants of the summit to their different drop off points.
The heads of state, with their individual cars, had immediate access to the

Localização Location
- *Aeroporto Airport*
- *Centro da cidade City centre*
- *FIL FIL*

enclosure, pulling up directly at the ceremonial entrance at the southern end of the complex. This door, created for the purpose, was under the awning of the main entrance to the FIL, giving direct access to the foyer of the conference rooms in pavilion 1. The second group, comprising the delegations of the various countries, arrived along the same route, with their drop off point being under the awning but a little further on, entering pavilion 2 through the existing galleries of the FIL, leading to their work rooms. The cars for these two groups were parked in the Atlantic Pavilion and surrounding area, reserved exclusively for the event. The media reached the summit enclosure via a shuttle service between the Oriente Railway Station, one of the main public transport hubs, crossing the security zone to their drop off point at the north end of the enclosure, where they went through control and accreditation procedures in a small pavilion over the Alameda dos Oceanos. They then entered directly via pavilion 4 to the International Media Centre. Having created the possibility of accessing all the pavilions through the interior patios of the FIL, the entrance for catering and other services was in the north-east zone of the enclosure.

Organização espacial

O complexo da FIL é constituído por quatro pavilhões separados por pátios, ligados por uma galeria exterior a poente, permitindo esta o acesso autónomo a cada um dos pavilhões. Esta situação gerou a divisão do programa em quatro núcleos separados. Respeitando o protocolo estabelecido para as diferentes actividades dos vários participantes, o Pavilhão 1 albergou as salas de conferências, palco principal dos chefes de Estado; o Pavilhão 2 constituiu-se como mesa de trabalho para as delegações; o Pavilhão 4 foi o espaço destinado aos media; sendo o Pavilhão 3, com as suas salas de conferências de imprensa, o fórum de encontro de todos os grupos.

A ligação dos núcleos foi feita através da criação de um novo eixo central que cruza todos os pavilhões, marcando assim a porta cerimonial no topo sul e a entrada dos media a norte. Este eixo ganha um carácter individual em cada pavilhão, pois, ao servir como circulação interna, adapta-se às necessidades de cada um. Desta forma, no Pavilhão 1, o eixo alarga-se, dando origem a um espaço representativo e cerimonial que serve de *foyer* principal para as salas de conferência. No segundo pavilhão, o eixo mantém o seu traçado original dando acesso a vários corredores e espaços através de portas que pontuam o seu percurso. No Pavilhão das Conferências de Imprensa, este eixo volta a alargar-se criando uma praça de grande dimensão que, pelas suas características espaciais e formais, convida à estadia. No último pavilhão, o eixo quase se perde no *open space* do Centro de Imprensa, no entanto vê o seu traço reforçado pela frente do pódio do *TV stand-up* e pela marcação no pavimento.

Spatial organization

The FIL complex comprises four pavilions separated by patios, connected by an exterior gallery to the west which grants autonomous access to each of the pavilions. This spatial configuration led to the division of the programme into four separate nuclei. Respecting the protocol established for the different activities of the various participants, pavilion 1 housed the conference rooms, the main stage of the heads of state; pavilion 2 formed the working table for the delegations; pavilion 4 was the space set aside for the media, with pavilion 3, with its press conference

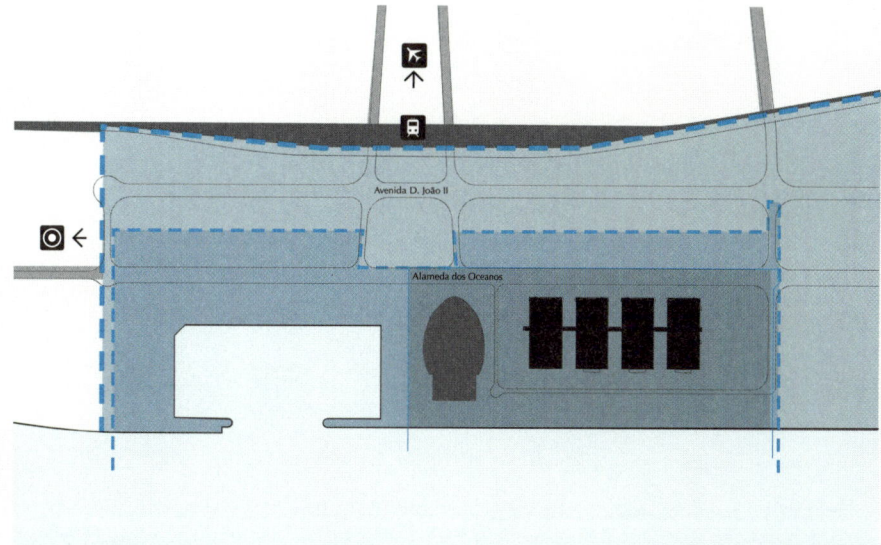

Perímetros de segurança Security perimeters
- *dia 15 de Novembro* 15th November
- *dia 18 de Novembro* 18th November
- *dia 19 de Novembro* 19th November

rooms, being the forum for all of the groups to come together.

In order to connect these nuclei a new central axis was created that crossed all of the pavilions, thereby marking the ceremonial entrance on the south end and the entrance for the media to the north. This axis had an individual character in each pavilion, as, by acting as internal circulation, it adapted to the needs of each one. In this way, in pavilion 1 the axis broadened out, leading to a representative and ceremonial space that acted as a main foyer for the conference rooms. In the second pavilion, the axis retained its original format, leading to various corridors and spaces through doors dotted along its route. In the pavilion for the press conferences, this axis once again broadened out, creating a large plaza which, due to its spatial and formal characteristics, invited people to stay a while. In the last pavilion, the axis is almost lost in the open space of the International Media Centre; however, its presence was reinforced by the front of the TV stand-up podium and by the marking on the floor.

Organização programática
O programa funcional reflecte as duas principais tarefas da Cimeira, sendo a primeira definir a actual política da NATO e a segunda a transmissão dos resultados da primeira, ocupando cada uma delas metade do recinto.

No Pavilhão 1, denominado Pavilhão de Conferências, foram tomadas as grandes decisões do encontro, tendo sido o local de maior permanência dos representantes principais dos países participantes. O protocolo previu a entrada dos chefes de Estado pela porta cerimonial, onde, numa ante-câmara concebida especialmente para este efeito, foram recebidos por José Sócrates, Primeiro-Ministro de Portugal, e Anders Fogh Rasmussen, Secretário-
-Geral da NATO e onde foi tirada uma fotografia de chegada, a chamada *arrival Photo*. Após este procedimento entraram no grande espaço de *foyer* que funcionou como distribuição para todos os espaços adjacentes.
Neste pavilhão foram previstos dois tipos de salas de conferência. A Sala de Conferência 1 (*standard conference room*), com 36 lugares à mesa e 200 lugares atrás e a Sala da Reunião Plenária (*large conference room*), com 62 lugares à mesa e 300 lugares atrás. Nesta última estava prevista uma entrada própria para a imprensa.

Organization of the programme
The functional programme reflects the two main lines of action of the summit, one being to define NATO's current policy and the other to transmit the results of the former. So, the enclosure was divided into two large areas, which host and support each step towards the development of these two major tasks.

The major decisions of the encounter were taken in pavilion 1, called the Conference Pavilion, this being where the main representatives of the participating countries spent most of their time. Following the protocol the heads of state entered through the ceremonial entrance, where, in an ante-chamber conceived especially for this purpose, they were welcomed by José Sócrates, the Prime Minister of Portugal, and Anders Fogh Rasmussen, Secretary-General of NATO and where the arrival photo was taken. After this procedure they entered the large foyer area, which ran off to all of the adjacent spaces. Two types of conference rooms were planned for this pavilion. The standard

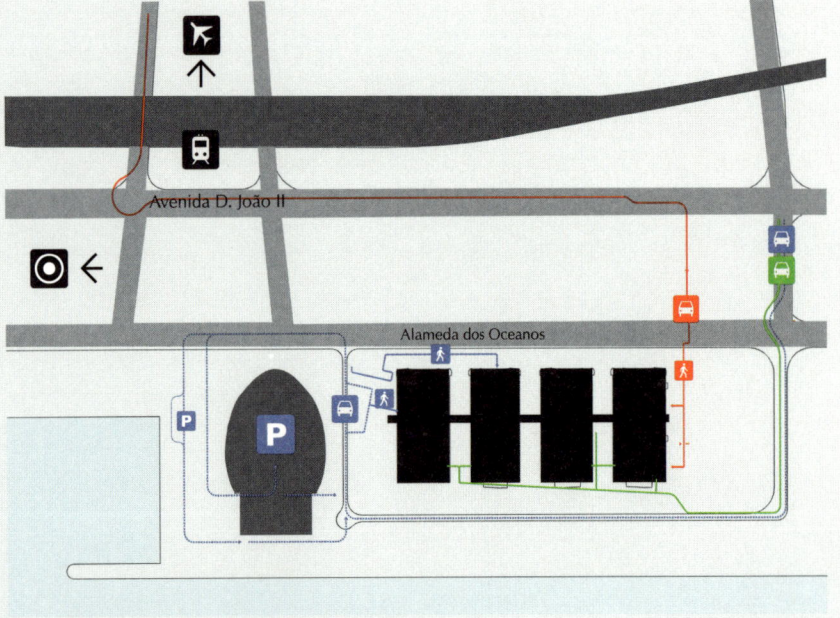

Acessos Access
- Delegações Delegations
- Media Press
- Serviço Service

conference room, with 36 seats around the table and 200 seats behind and the large conference room, with 62 seats around the table and 300 seats behind. A special entrance for the press was provided in the latter.

Para dar apoio a estes espaços, criou-se uma área adicional denominada *back-up conference room*, onde se realizaram reuniões em paralelo às actividades nas salas principais. Foram previstos 36 lugares sentados à mesa e 140 lugares atrás. Todas estas salas estavam preparadas para interpretação simultânea. Ainda junto ao *foyer* foi prevista uma pequena sala de espera, (*holding room for heads of state*), para onde os chefes de Estado se podiam retirar, antes de entrarem nas salas de conferência. O espaço da sala de escuta, com 200 lugares, sentados, destinava-se a receber os representantes das delegações que não cabiam na sala principal.

Neste pavilhão organizaram-se ainda três espaços de trabalho e refeições, denominados *working dinner rooms*. O primeiro destinado aos chefes de Estado, com 31 lugares sentados à mesa e 31 lugares atrás, o segundo aos Ministros dos Negócios Estrangeiros, com o mesmo número de lugares e um terceiro espaço pertencente aos Ministros da Defesa, com 32 lugares sentados e 64 lugares atrás. O funcionamento destes espaços foi apoiado por uma zona de *catering* concebida para o efeito.

To support these spaces an additional area called the back-up conference room was created, where meetings were held in parallel to the activities in the main rooms. This catered for 36 people seated around the table and 140 other seats. All of the rooms were prepared for simultaneous translation. Also prepared next to the foyer was a small waiting room, the holding room for heads of state, where the heads of state could retire to before entering the conference rooms.

The listening room, with a seating capacity for 200 people, was intended for the representatives of the delegations who did not fit in the main room. Three spaces for work and meals were also prepared in this pavilion, called working dinner rooms. The first was for the heads of state with 31 places at table and 31 places behind, the second was for the Ministers of Foreign Affairs, with the same number of places, and a third space for the Ministers of Defence with 32 places at table and 64 places behind. The functional services of these spaces were supported by a catering zone designed for the purpose.

No Pavilhão 2, Pavilhão das Delegações, também se localizavam as salas de encontros bilaterais. Quatro delas foram destinadas a encontros VIP em espaços mais pequenos e com um carácter privado, oito funcionaram como espaços de reuniões para 12 pessoas sentadas à mesa e 20 lugares atrás para o pessoal de apoio.
Neste pavilhão organizou-se também a sala de redacção, para negociações da Declaração da Cimeira da NATO ou outros grupos de trabalho, com 5 lugares de destaque na mesa, 8 lugares atrás e 28 distribuídos pelas restantes mesas, com 56 lugares atrás. Para este espaço foram ainda criadas cabinas para as actividades de interpretação simultânea. Foram previstos também espaços de trabalho para as NATO *national delegations* e *non NATO delegations* funcionando estes em *open-space* com um carácter mais informal, bem como escritórios da organização. Foi concebido um grande espaço de *catering* para apoiar durante 24 horas estas áreas, onde se previa um funcionamento que se poderia estender pela noite dentro.

Bilateral encounter rooms were also located in pavilion 2, the pavilion of the delegations. Four of them were intended for VIP encounters in smaller spaces with a more private character, eight functioned as meetings spaces for 12 people seated at table and with 20 places behind for support staff.
The news room was also organised in this pavilion, for negotiations of the declaration of the NATO summit or other work groups, with 5 main places at the table, 8 places behind and 28 distributed over the other tables with 56 other places. Simultaneous translation booths were also created for this space. Work spaces were also set up for the NATO national delegations and Non NATO delegations which functioned in open-space with a more informal character, as well as offices for the organization. To provide 24 hour assistance to these areas, a large catering space was installed which could operate throughout the night.

O Pavilhão 3, destinado às conferências de imprensa, teve uma importância fundamental durante a Cimeira, uma vez que foi o local de declaração da informação relativa ao evento para todo o mundo, através dos media. Para este efeito, foram previstas as várias salas de conferência de imprensa, *briefing rooms*, um grande auditório para 450 lugares, 5 auditórios médios para 70 lugares, outros mais pequenos para 40 lugares e 5 espaços para entrevistas individuais, tanto para a rádio como para a televisão. Todas estas salas foram agrupadas em torno de um grande fórum, *briefing lobby area*, que não só servia de distribuição como também de espaço de estadia.

Pavilion 3, intended for press conferences, was of fundamental importance during the summit given that it was where information on the event was passed on to the whole world, through the media. For this purpose, there were various press conference rooms, briefing rooms, a large 450-seater auditorium, 5 medium-sized auditoriums with a capacity for 70 people, other smaller spaces with 40 places and 5 spaces for individual interviews, both for radio and television.

All of these rooms were grouped around a large forum, a briefing lobby area, which not only served for distribution but also as a place to just spend time.

O Pavilhão 4, Pavilhão da Imprensa, funcionou como o grande espaço de trabalho dos media. A entrada dos media, oficialmente acreditados, foi feita na fachada norte através de uma galeria, que, após o controlo de segurança, dava acesso ao pavilhão no eixo principal do conjunto.

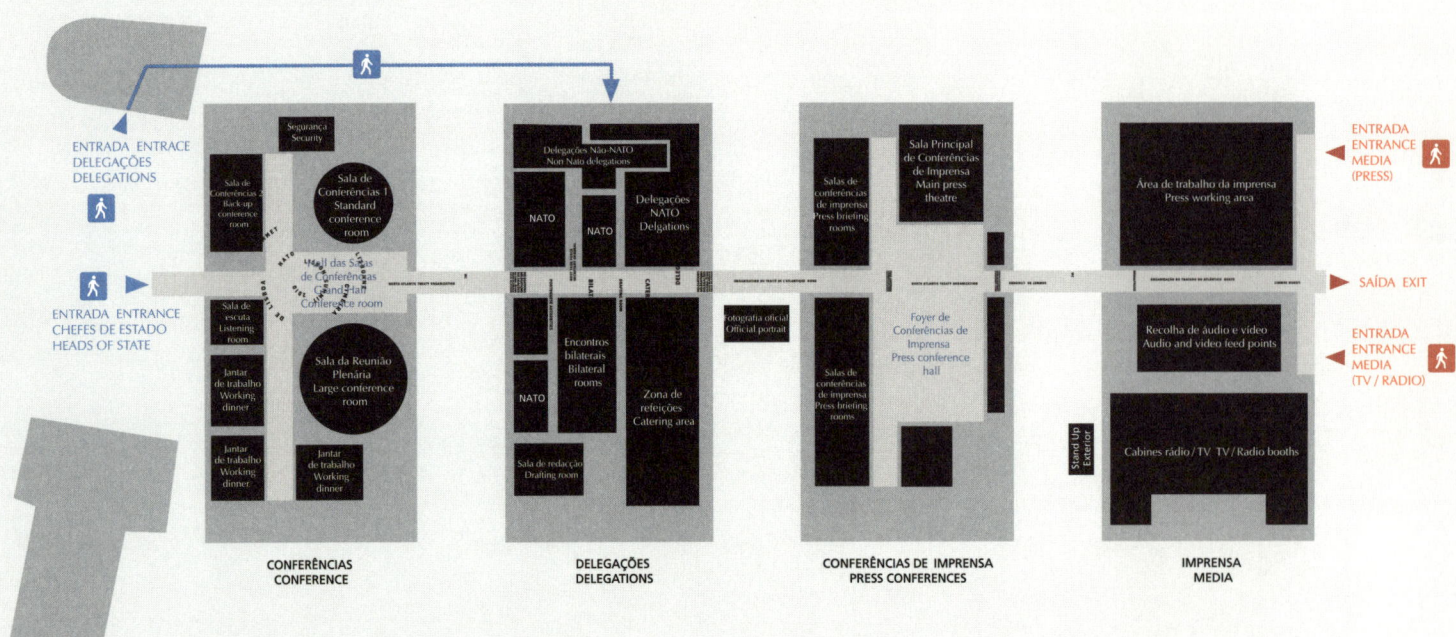

Diagrama funcional   *Functional diagram*

Todo este núcleo foi organizado num *open-space* dividido a meio por um corpo central. Um lado destinava-se à imprensa, *press working area*, que, sob uma grande pala redonda, albergava 900 espaços de trabalho. No outro lado estava situada a área das televisões e rádio, *TV and radio editing booths*, estando previstas 110 cabinas para televisão e 30 para rádio, apoiadas pelos carros de transmissão, *OB-vans*, estacionados em frente ao pavilhão. Dentro do corpo central, ao nível do piso térreo situam-se os gabinetes reservados aos coordenadores de toda esta operação dos media, o responsável da NATO e o correspondente da parte portuguesa. Sobre este corpo encontravam-se os espaços destinados às reportagens, entrevistas e comentários para a televisão em directo. Foram previstos trinta destes *TV stand-up positions* que tinham como pano de fundo a zona da *press working area*. No exterior foi criada uma zona para o mesmo efeito, junto à fachada sul deste pavilhão. Tanto no topo nascente como a poente, existem zonas de *catering* que deram apoio aos media durante todo o evento.

Pavilion 4, the press pavilion, functioned as the large working space of the media. Media personnel, officially accredited, entered via the north façade through a gallery which, after security controls, accessed the pavilion on the main axis of the complex.
This entire nucleus was organised as open-space divided in the middle by a central body. One side was for the press, the press working area, which, under a large round awning, housed 900 work spaces. On the other side there was the television and radio area, TV and radio editing booths, with 110 booths for television and 30 for radio, supported by transmission trucks, OB-Vans, parked in front of the pavilion. Inside the central body, on the ground floor, were the offices reserved for the coordinators of the whole of this media operation, the head of NATO and the corresponding Portuguese counterpart. Above this body were the spaces intended for live television reports, interviews and commentaries. Thirty TV stand-up positions were allowed for, which had the zone of the press working area as the backdrop. A zone was created on the outside for the same purpose, next to the south face of this pavilion. Both at the east and west ends there were catering zones which serviced the media during the whole event.

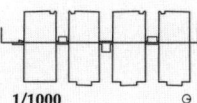

próxima página
Planta e cortes da FIL

next page
Plan and sections of the FIL

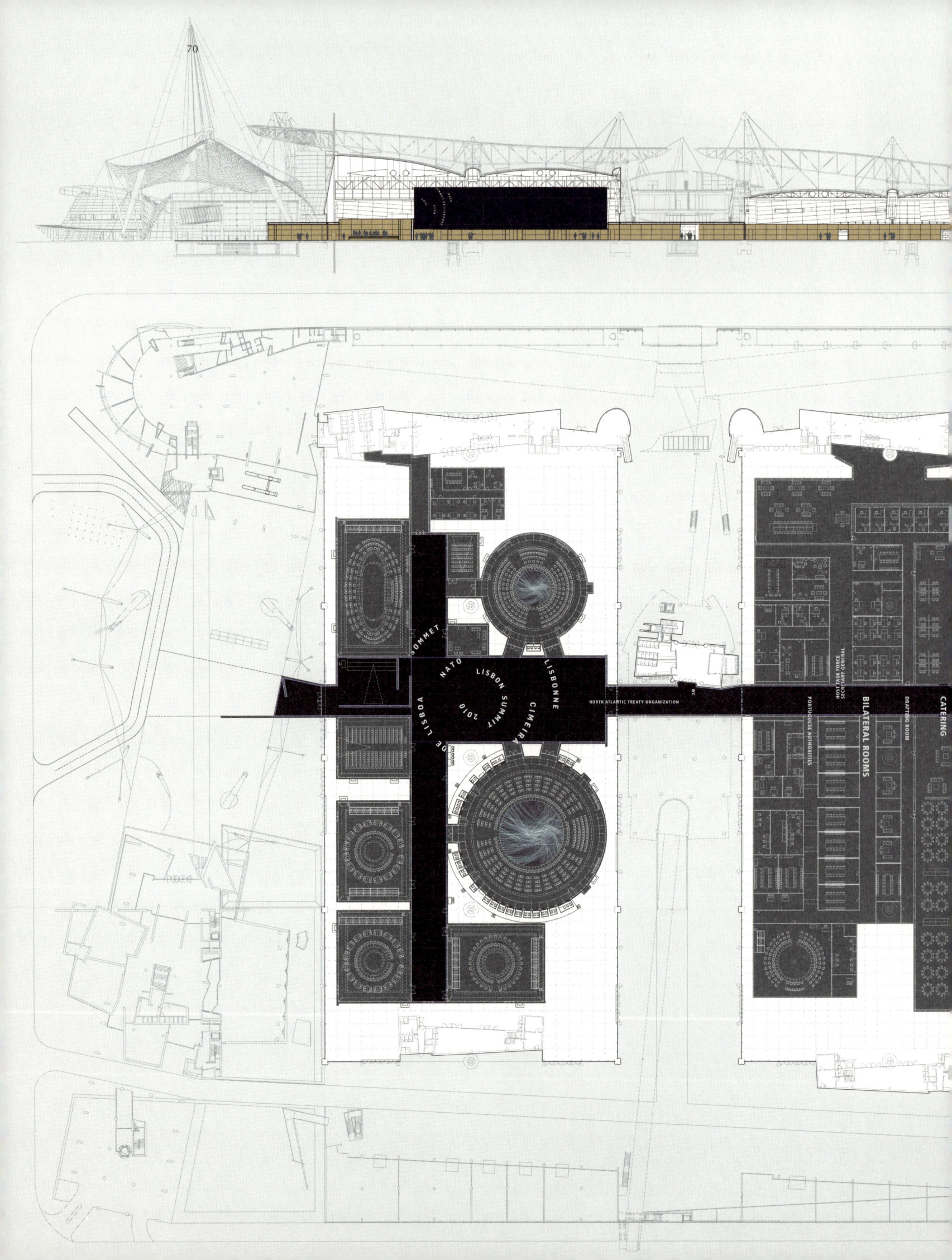

PLANTAS E CORTES PLANS AND SECTIONS 71

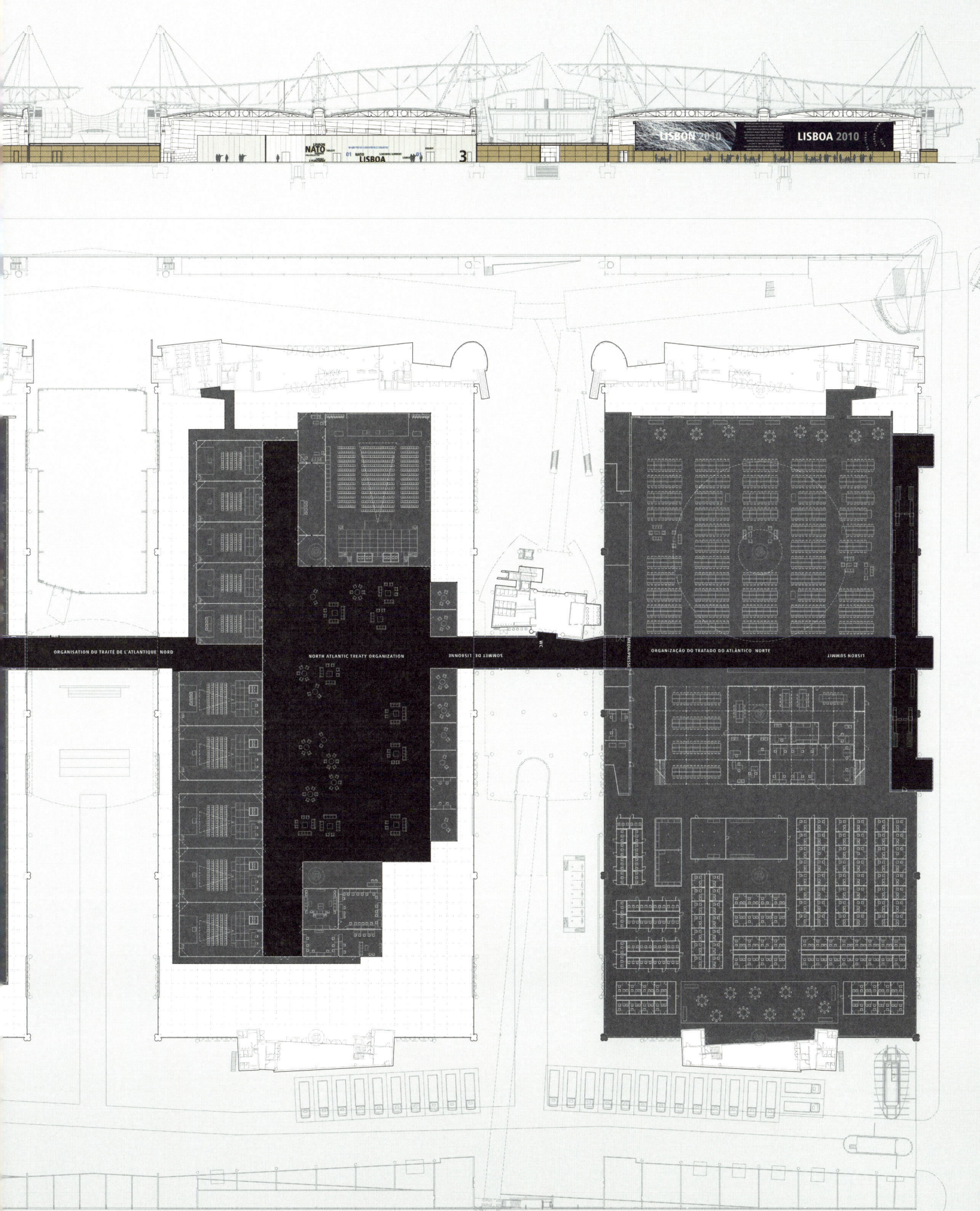

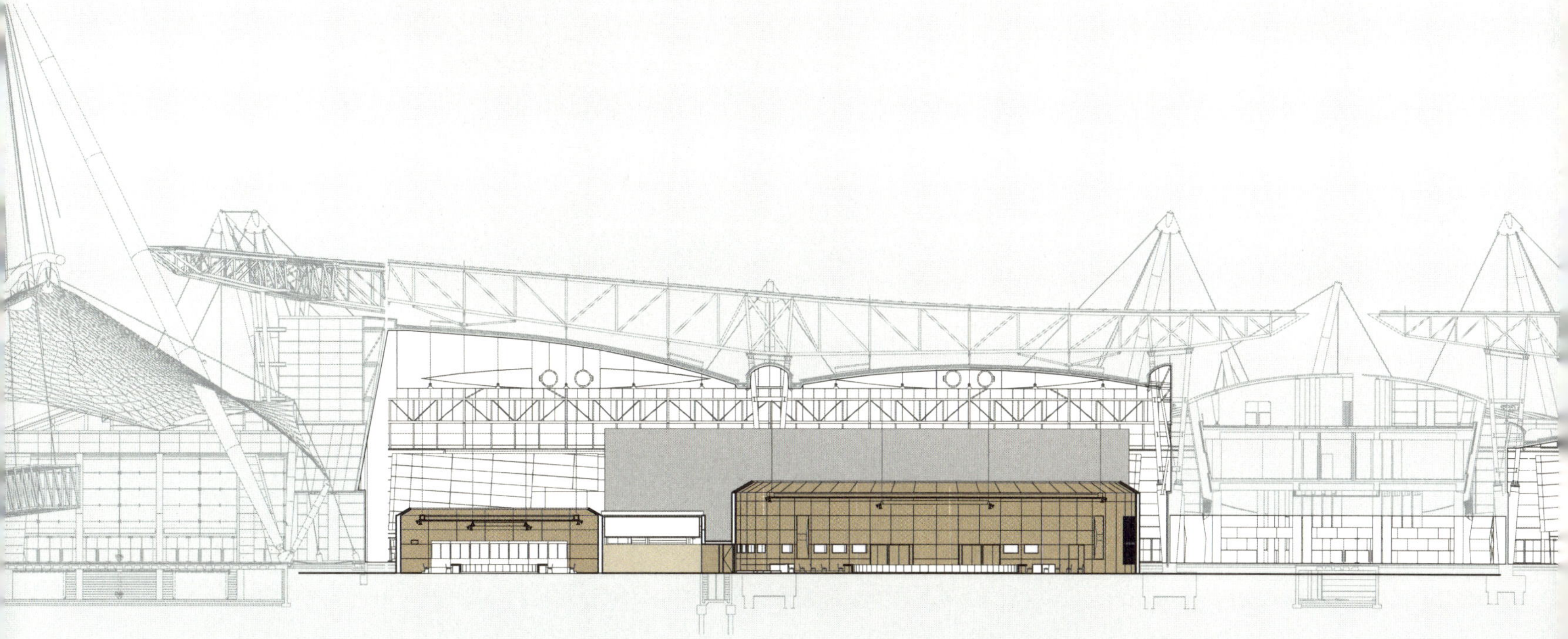

PLANTAS E CORTES PLANS AND SECTIONS 73

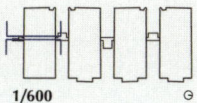

Planta e cortes do Pavilhão 1

Plan and sections of pavilion 1

1/600

1. Entrada das delegações *Delegations entrance*
2. Entrada dos chefes de Estado e Ministros *Heads of state and ministers entrance*
3. Fotografia de chegada *Arrival photo*
4. Hall das Salas de Conferências *Grand Hall Conference room*
5. Sala da Reunião Plenária *Large conference room*
6. Sala de Conferências 1 *Standard conference room*
7. Sala de Conferências 2 *Back-up conference room*
8. Segurança *National Security*
9. Sala de espera – Segurança *Holding room*
10. Sala de espera – NATO *Holding room for heads of state*
11. Sala de escuta *Listening room*
12. Jantar/Almoço de trabalho dos Ministros da Defesa *Working dinner/lunch Ministers of Defense*
13. Jantar/Almoço de trabalho dos Ministros dos Negócios Estrangeiros *Working dinner/lunch Ministers of Foreign Affairs*
14. Jantar/Almoço de trabalho dos chefes de Estado e de Governo *Working dinner /lunch head of states and government*
15. I.S. *WC*

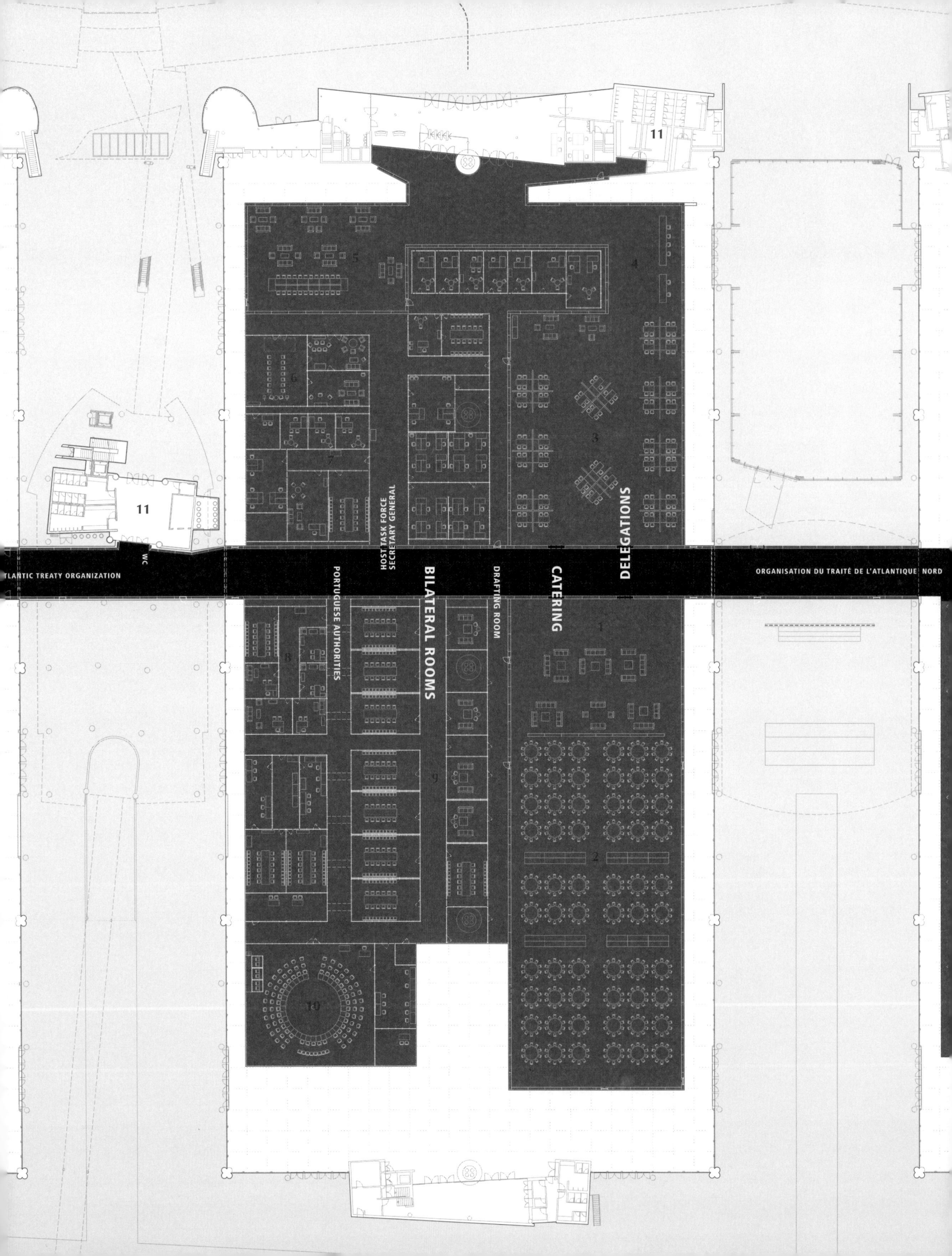

PLANTAS E CORTES PLANS AND SECTIONS 75

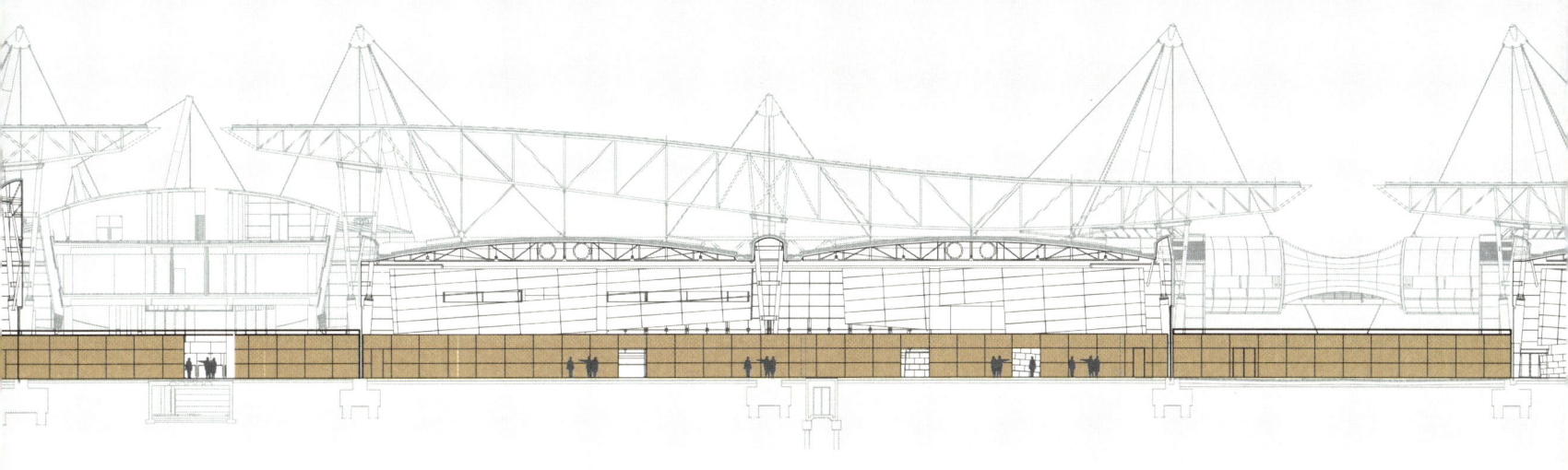

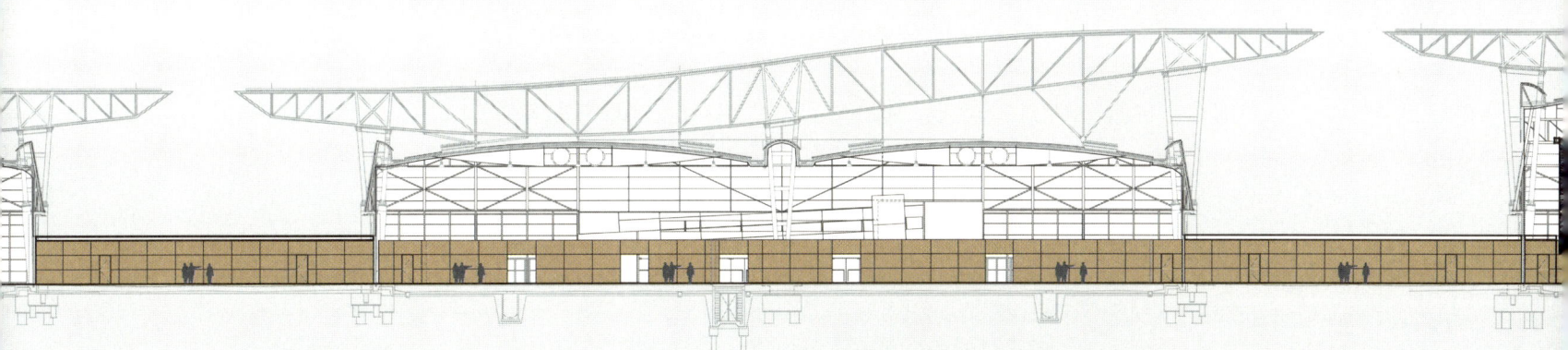

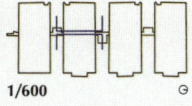

1/600

Planta e cortes do Pavilhão 2

Plan and sections of pavilion 2

1 Delegações – Lounge Delegations lounge area
2 Delegações – Zona de refeições Delegations catering area
3 Delegações da NATO – Gabinetes e áreas de trabalho NATO delegation offices & business centre
4 Delegações – Área de recepção Delegations welcome area
5 Delegações não NATO – Lounge Non NATO delegations lounge
6 Área de apoio NATO NATO support area
7 S.G. da NATO NATO S.G.
8 Autoridades portuguesas Portuguese authorities
9 Salas de encontros bilaterais Bilateral rooms
10 Sala de redacção Drafting room
11 I.S. WC

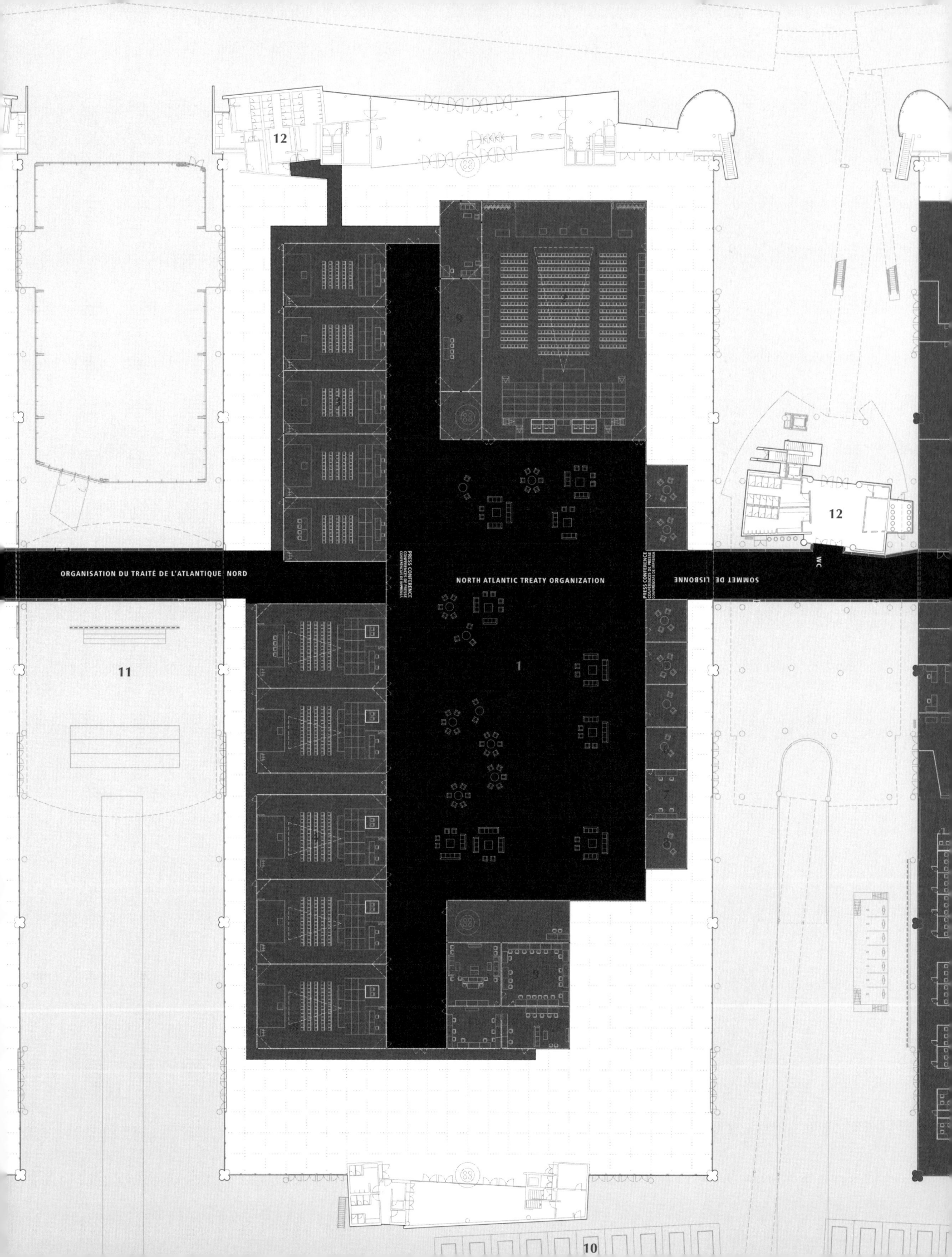

PLANTAS E CORTES PLANS AND SECTIONS 77

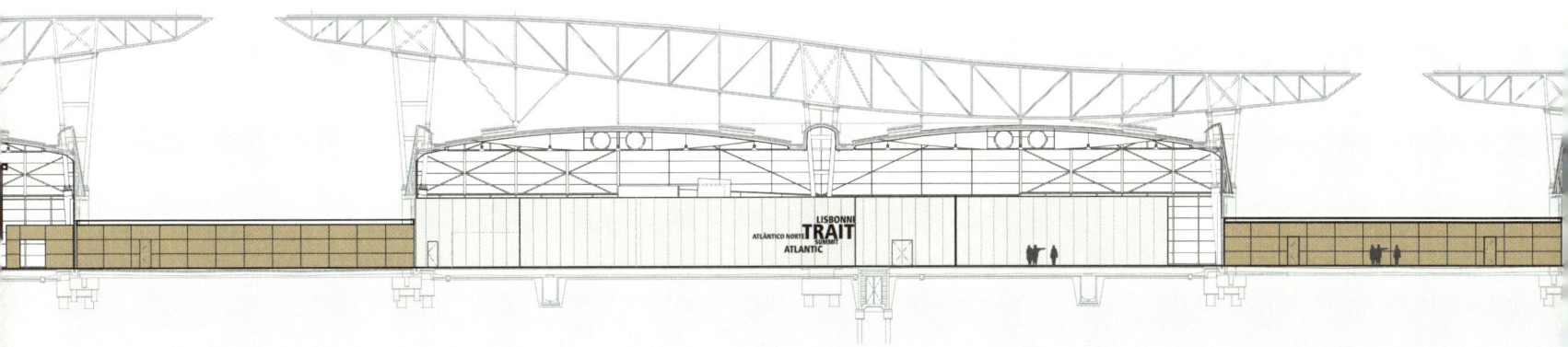

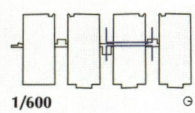

Planta e cortes do Pavilhão 3

Plan and sections of pavilion 3

1/600

1 Foyer de Conferências de Imprensa Press conference hall
2 Sala Principal de Conferências de Imprensa 450 Main press theatre 450
3 Sala de conferências de imprensa 40 Press briefing room 40
4 Sala de conferências de imprensa 70 Press briefing room 70
5 Espaço para entrevistas Interview corner
6 Estúdio rádio 1 Radio studio
7 Régie Stage direction
8 Estúdio TV TV studio
9 Áreas de apoio Staff support areas
10 Área de estacionamento para unidades exteriores de TV Ob-vans parking area
11 Fotografia oficial Official portrait area
12 I.S. WC

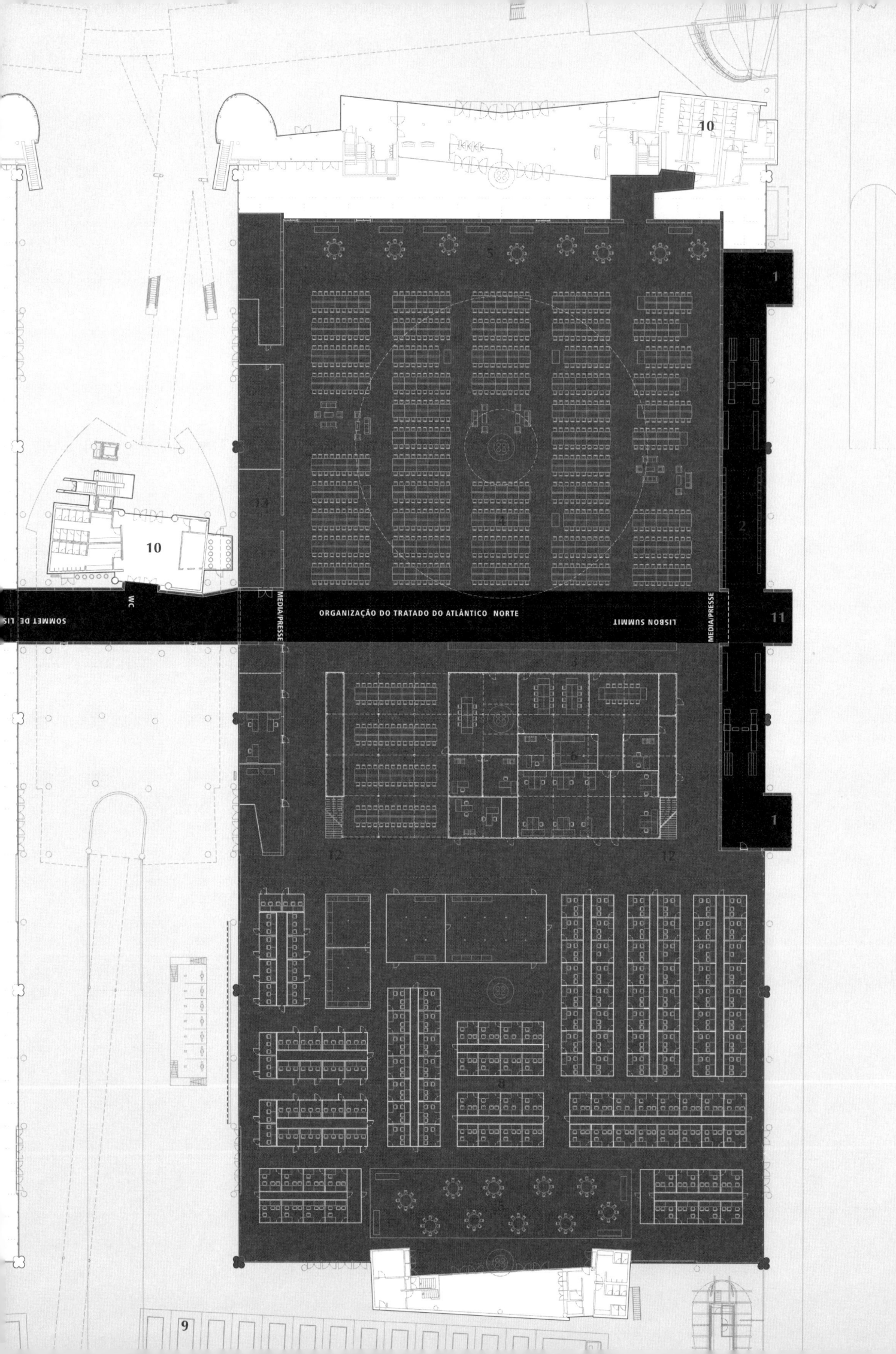

PLANTAS E CORTES PLANS AND SECTIONS   79

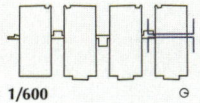

Planta e cortes do Pavilhão 4

Plan and sections of pavilion 4

1   Entrada dos media Media press entrance
2   Cacifos Lockers
3   Balcão de informação – Imprensa Press information desk
4   Área de trabalho da imprensa Press working area
5   Área de refeições Light catering
6   Coordenação dos media – NATO NATO media coordinator
7   Recolha de áudio e vídeo Audio and video feed points
8   Cabines rádio/TV TV/Radio booths
9   Área de estacionamento para unidades exteriores de TV Ob-vans parking area
10 I.S. WC
11 Saída dos media Media press exit
12 Acesso a zona de directos TV Access Stand Up
13 Pools Pools

Entrada das delegações no Pavilhão 2 *Delegations' entrance in pavilion 2*

MATERIAIS E SISTEMAS CONSTRUTIVOS
CONSTRUCTION MATERIALS AND SYSTEMS

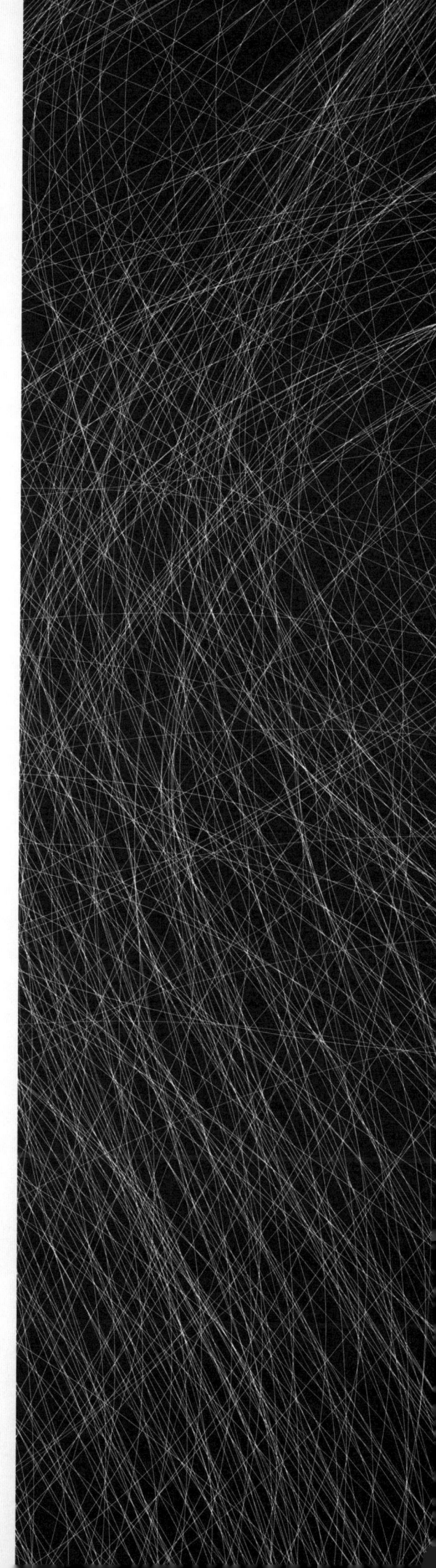

A escolha dos sistemas e materiais construtivos teve duas fortes condicionantes. Por um lado, o programa fornecido pela NATO e, por outro, as exigências excepcionais em termos de custo e tempo de execução de uma obra deste tipo.

O programa previu a construção de uma área total de 35 000 m² com imposições técnicas particulares. Muitos dos espaços destinados ao evento tiveram de cumprir requisitos específicos ao nível do condicionamento acústico, face aos assuntos de confidencialidade que ali foram discutidos, como também pelo comportamento acústico, devido à sua grande dimensão e tipo de utilização. Também as infra-estruturas de comunicação, tecnicamente bastante complexas, assim como as necessidades de climatização, exigiram um cuidado acrescido. Por outro lado, o imperativo de desenhar salas com capacidade para 200 e 300 lugares sentados sem obstáculos nem apoios estruturais constituiu também forte condicionante ao desenvolvimento do projecto. Por fim, o factor segurança, tendo em conta que o evento se revestia de alto risco, impôs igualmente restrições ao desenho.

No que diz respeito às exigências de um edifício deste tipo, a escolha dos materiais e sistemas construtivos reflectiu os condicionamentos da adaptação da obra à estrutura existente da Feira Internacional de Lisboa, cujo tempo disponível de montagem e construção foi apenas de três semanas, assim como da sua efemeridade, tendo em conta a curta duração da Cimeira, que impôs a utilização das instalações apenas durante 24 horas.

Além disso, na escolha de todos os materiais, o aspecto de sustentabilidade e a expressão representativa exigida pelo evento tinham de ser respeitados.

Two main factors conditioned the choice of construction systems and materials. On the one hand, the programme provided by NATO and, on the other, the exceptional demands in terms of cost and execution time for a job of this nature.

The programme was for the construction of a total area of 35,000 m² with particular technical impositions. Many of the spaces intended for the event had to fulfil specific requirements in terms of the level of acoustic insulation, given the confidential issues that were discussed there, and also acoustic behaviour due to the large dimensions and type of use. Also the communication infrastructures, which were technically quite complex, and climatization needs required added care. On the other hand, the imperative of designing rooms with a seating capacity for 200 and 300 people without obstacles or structural supports was also a major conditioning factor in developing the project. Lastly, the security factor, taking into account that the event involved high risk, also imposed restrictions on the design.

With regard to the demands of a building of this type, the choice of building materials and systems reflected the conditioning factors of adapting the works to the existing structure of the Lisbon International Fair (FIL), with only three weeks for assembly and construction, as well as its ephemerality, taking into account the short duration of the summit, which meant that the installations would only be used for 24 hours.

Besides this, the aspect of sustainability and the representative expression demanded by the event had to be respected in the choice of all of the materials.

Optou-se por sistemas construtivos que permitiram uma rápida e fácil montagem da compartimentação, exigidos pelo limitado tempo de aluguer do espaço multiuso, um dos factores determinantes dos custos. Foram desenvolvidas soluções construtivas modulares que funcionaram num sistema tipo Lego, sendo todas as peças produzidas em fábrica e montadas posteriormente no local. Uma vez que estes sistemas implicaram a participação de vários fornecedores e empreiteiros, foram concebidos de modo a evitar dependências entre si, permitindo a sua montagem em simultâneo e evitando tempos de espera. Todos os materiais e equipamentos foram alugados, tendo sido quase sempre reutilizados ou reciclados para outros fins, após o regresso aos seus proprietários.

Painéis de OSB
Foi concebido um sistema modular de caixas de 2,50 m x 1,25 m x 0,40 m compostas por painéis de aglomerados de fibra de madeira OSB, dos quais foram pré-fabricados cerca de 3000 que, *in situ*, se encaixavam sem necessidade de outra forma de fixação. Apenas nas situações excepcionais (canto, ângulos e remates) o sistema é apoiado por peças especialmente desenhadas.

Através deste sistema foram criadas paredes divisórias, até 7 metros de altura, utilizadas ao longo de todo o recinto da Cimeira. A expressão da

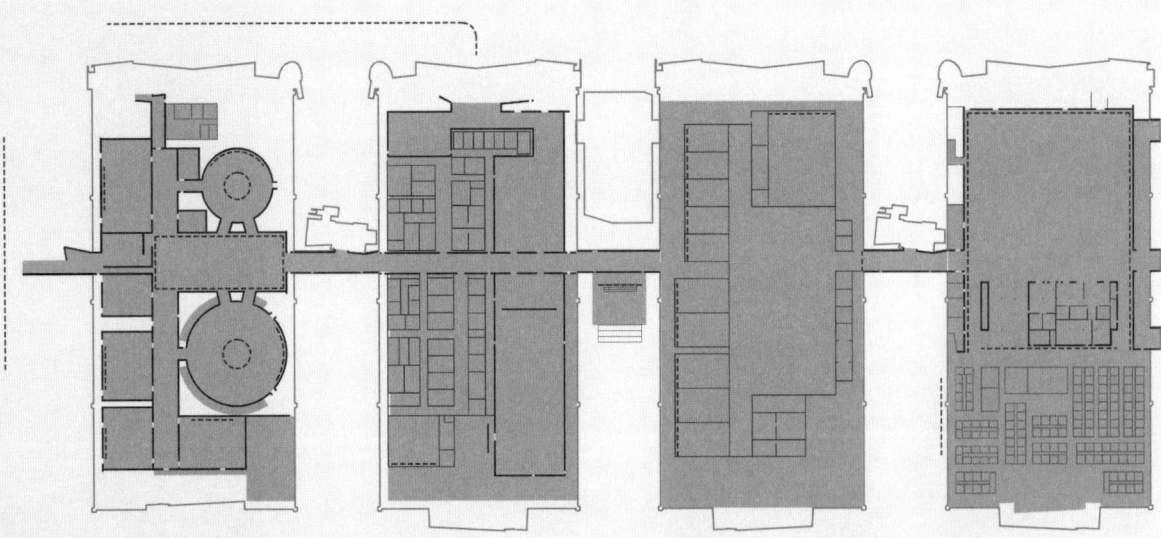

Localização de aplicação dos sistemas construtivos
Location of the application of the building systems
Paneis de OSB OSB panels
Paneís metáicos Metal panels
--- Tela Canvas cloth
Alcatifa Carpet
Contentores Containers
Divisórias Convencionais Conventional partition

superfície do material à vista criou uma imagem unificadora de todo o projecto, sobretudo com a formalização do grande eixo de ligação dos vários pavilhões, mas também nas salas de conferência do Pavilhão 1. Posteriormente, este sistema foi desmontado e as placas com as dimensões originais da fábrica de 2,50 m x 1,25 m foram reutilizadas na construção de novos edifícios.

Construction systems were chosen that allowed the fast and easy assembly of the compartmentation, required by the limited hire time of the multi-use space, one of the decisive factors in terms of cost. Modular building solutions were developed that functioned like a Lego-type system, with all the pieces being factory-produced and later assembled on site. As these systems implied the participation of various suppliers and contractors, they were conceived so as to avoid mutual dependence, meaning that they could be put up at the same time and so avoid down-time. All the materials and equipment were hired, being almost always reused or recycled for other purposes after their return to their owners.

OSB panels
A modular system of 2.50m x 1.25m x 0.40m boxes was conceived made up from OSB wood fibre agglomerate panels, of which around 3,000 were prefabricated and fitted in situ without the need for other forms of binding. Only in exceptional situations (corners, angles and junctures) the system was supported by specially designed parts. Dividing walls up to 7 metres high were created in this system and used throughout the whole summit enclosure. The visible surface material created a unifying image of the whole project, especially with the formalization of the main connecting axis of the various pavilions, and also in the conference halls of pavilion 1. This system was subsequently taken down and the boards with the original factory dimensions of 2.50m x 1.25m were reused in the construction of new buildings.

Painéis metálicos
Nos restantes compartimentos, tais como as salas de encontros bilaterais, escritórios, sala de redacção e salas de conferência de imprensa, utilizou-se um sistema modular de painéis metálicos com poliuretano no interior, tipo sanduíche, tanto nas paredes como no tecto, por ser um material com um adequado comportamento acústico. Estes painéis são normalmente utilizados no mercado para construção de frigoríficos industriais, funcionando num sistema de encaixe macho-fêmea, e têm a vantagem de vencer grandes alturas, sem a necessidade de juntas horizontais. As superfícies de acabamento são lisas, tendo permitido a colocação de películas decorativas e informativas. Após a desmontagem, cerca de 95% dos painéis foram reutilizados na construção de novos armazéns frigoríficos.

Sistemas mistos
Utilizaram-se ainda estruturas tipo andaime, com plataformas de natureza «praticável» em madeira laminada, para os estrados e plataformas destinados aos jornalistas e aos participantes.

Coberturas suspensas
Para resolver o condicionamento acústico nas salas de grande dimensão, foi concebido um sistema de coberturas, suspensas ao tecto do pavilhão, autonomizando-se da estrutura das paredes. Este sistema usa como suporte construtivo um *truss* circular ou rectangular, uma treliça metálica utilizada nas estruturas de palco e placas de poliestireno extrudido do tipo *Roofmate* que, pela sua rigidez e pela sua leveza, permitiram servir de superfície de suporte aos painéis de espuma utilizados como

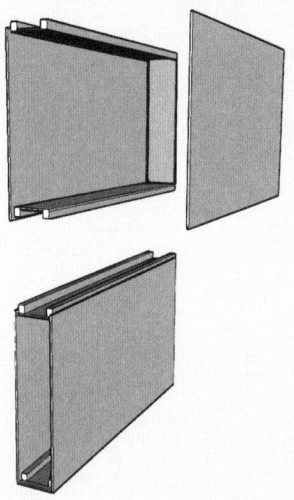

isolamento acústico. As estruturas tipo *truss* foram alugadas a empresas de produção de eventos e o *Roofmate* foi reutilizado como isolamento de coberturas de novas construções. Este sistema foi usado nas salas de conferências e na sala de redacção, bem como para a grande pala no Centro de Imprensa onde era utilizado apenas um pano de flanela sob a estrutura da treliça.

Metal panels
In the other compartments such as the bilateral encounter rooms, offices, news room and press conference rooms, a modular system was used using metal panels with polyurethane on the inside, sandwich panels, both

Esquema de montagem de caixas em OSB *Assembly of OSB boxes*

in the walls and in the ceiling, as this is a material with appropriate acoustic behaviour. These panels are normally used in the market for the construction of industrial refrigerators, using a male-female interlocking system, and have the advantage of being adaptable to fit great heights without the need for horizontal joints. The finished surfaces are smooth and decorative and informative film can be applied to them. After disassembly, around 95% of the panels were reused in the construction of new refrigerated warehouses.

Mixed systems
Scaffolding-type structures were also used, with platforms of a »practical« nature in laminated wood for the platforms to be used by journalists and the participants.

Suspended ceilings
To resolve the question of the acoustic insulation in the large halls, a ceiling system was conceived, suspended from the roof of the pavilion, which was autonomous from the structure of the walls. This system uses a circular or rectangular truss as a support, metal trellis-work used in stage structures and Styrofoam Roofmate-type sheets which, given their rigidity and lightness, can be used as a support surface for the foam panels used for acoustic insulation. The truss-type structures were hired from events production companies and the Roofmate was reused as roofing insulation in new constructions. This system was used in the conference rooms and in the news room, as well as for the large awning in the press centre where only a flannel cloth was used under the trellis structure.

Alcatifa
Como revestimento de todo o pavimento do recinto utilizaram-se 30 000 m² de alcatifa. Foram escolhidas três cores, de modo a diferenciar os vários tipos de espaços e os diferentes usos. Este material foi reutilizado na protecção de pavimentos em obras inacabadas e no transporte de materiais.

Tela
A tela, tipo *out-door*, usada no grande átrio de chegada dos chefes de Estado e no Centro de Imprensa, destinava-se a completar a configuração dos vários espaços em altura e a conferir uma imagem unitária às instalações, sendo muito rápida e eficaz a sua montagem, assim como bastante económica. Este material teve uma série de novos usos, tais como a cobertura de ensombreamento de parques de esta-

à esquerda
Caixas em OSB

à direita
Painéis sandwich

left
OSB boxes

right
Sandwich panels

cionamento, cobertos para pequenas embarcações, em velas e em pequenas indústrias criativas, por exemplo para malas ou sacos.

Estrados e plataformas
Os estrados e plataformas destinados aos jornalistas e aos participantes foram instalados nas salas de conferência de imprensa, no local da foto de família, no *stand-up* exterior, nas salas de conferência e para a fotografia de chegada. Utilizaram-se estruturas em madeira laminada, plataformas de natureza «praticável» e estruturas tipo andaime.

Carpet
30,000 m² of carpet was used to cover the floor of the whole enclosure. Three colours were chosen in order to differentiate the various types of spaces and the different uses. This material was reused in the protection of floor surfaces in unfinished works and in the transportation of materials.

Canvas cloth
The out-door type canvas cloth used in the large atrium for the arrival of the heads of state and in the press centre was intended to complete the vertical configuration of the various spaces and to lend a unifying image to the installations, also being very quick and easy to put up, as well as fairly cheap. This material was re-used in a number of ways, such as for creating shade in car parks, covers for small boats, in sails and in small creative industries, for example for various types of bags.

Platforms
The platforms intended for the journalists and the participants were installed in the press conference rooms, in the spot used for the family photo, in the exterior stand-up, in the conference halls and for the arrival photograph. Laminated wooden structures were used, platforms of a practical nature and scaffolding-type structures.

Aplicação de sinalização nos pavimentos em alcatifa

Application of signage on the carpet

Linha do tempo 3 semanas
Timeline 3 weeks

FLYING BIRDS
FLYING BIRDS

Em primeiro lugar
Este texto recorre exclusivamente à memória. Nada disto existe. Existiu, é certo, mas por um breve momento. Quase tão breve como aquele em que Barack Obama passou ao meu lado. As palavras que trocámos. A emoção – algo adolescente – do instante. Estava ali ao meu lado o ídolo; o homem povo; o homem cada um de nós. O homem que nos permite voltar a acreditar no regresso da Política e da Ideologia à política... o homem único.

Memória. Só a memória tem a grande vantagem de poder ser imaginada.

Agora, se quiserem provas, terão que recorrer aos bancos de imagens das televisões. Só aí se prova que o objecto deste livro aconteceu na realidade. Só os artefactos virtuais podem demonstrar os factos (efémeros) que ali se passaram. No entanto, uma coisa é certa: nós fizemos um projecto. Não um projecto de um edifício nem tão pouco de um *display* ou de uma instalação. Mas um projecto. Embora, diga-se, as semelhanças com o que habitualmente fazemos terminam na designação do acto de planear; de antecipar... seja a construção de uma máquina, de um objecto ou de um edifício.

Firstly
This text resorts exclusively to memory. None of it exists. It existed, for sure, but only for a brief moment. Almost as brief as when Barack Obama passed right by me. The words we exchanged. The emotion – somewhat adolescent – of the instant. The idol was right there at my side; the people's man; the »everyman«. The man who lets us believe once more in the return of Politics and Political Ideology ...the only man.

Memory. Only memory has the great advantage of being able to be imagined.

Now, if you want proof, you will have to use a television image bank. Only there is there proof that the object of this book really happened. Only virtual artefacts can demonstrate the facts (ephemeral) that went on there. However, one thing is certain: we made a project. Not the plans for a building, or even of just a display or of an installation. But a project. Although, we should say that the similarities with what we usually do end with the designation of the act of designing the project; of anticipating… whether it be to build a machine, an object or a building.

Porque aquilo que fica, o que perdura depois do projecto e da obra feita, é a máquina, o objecto ou o edifício, que segue o seu caminho para além do arquitecto, do engenheiro ou do designer. Autonomiza-se dos seus autores, que foram donos e senhores do processo até ao momento em que todos os outros chegam: os que vão utilizar o automóvel ou o espremedor de laranjas e os que vão ocupar e usufruir o edifício.

Aqui foi diferente. Vinte e quatro horas depois do início da Cimeira, os espaços começaram a ser desmontados. Uma semana depois, os quatro pavilhões da Feira Internacional de Lisboa estavam outra vez vazios e silenciosos, prontos a receber novo evento. Foi estranho. Muito estranho. Sobretudo se atendermos à grandeza da operação e ao esforço efectuado por centenas de pessoas nos meses que antecederam as reuniões. Um tempo de vida semelhante ao de uma borboleta.

Por outro lado, também é verdade que este tipo de «projecto» não nos era estranho. Fizemos, entre outros, os projectos para a adaptação dos espaços destinados às Presidências da União Europeia em 1992 e em 2000. Mas a Cimeira da NATO que se realizou em Lisboa nos dias 19 e 20 de Novembro de 2010 foi diferente.

Because what remains, what endures after the design and the job done, is the machine, the object or the building, which goes on its way after the architect, engineer or designer. It becomes autonomous of its authors, who were the owners and masters of the process until the point when the others arrive: the people who will use the car or orange-press and those who are going to occupy and use the building.

Here it was different. Twenty four hours after the summit started, the spaces started to be disassembled. One week later, the four pavilions of the Lisbon International Fair were once again empty and silent, ready to host a new event. It was strange. Very strange. Especially if we consider the dimension of the operation and the effort put in by hundreds of people in the months that led up to the meetings. A life span similar to that of a butterfly.

Marcação do centro da sala

Marking the centre of the hall

09h15

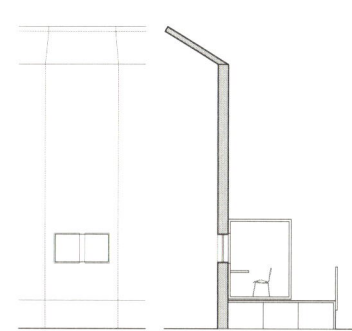
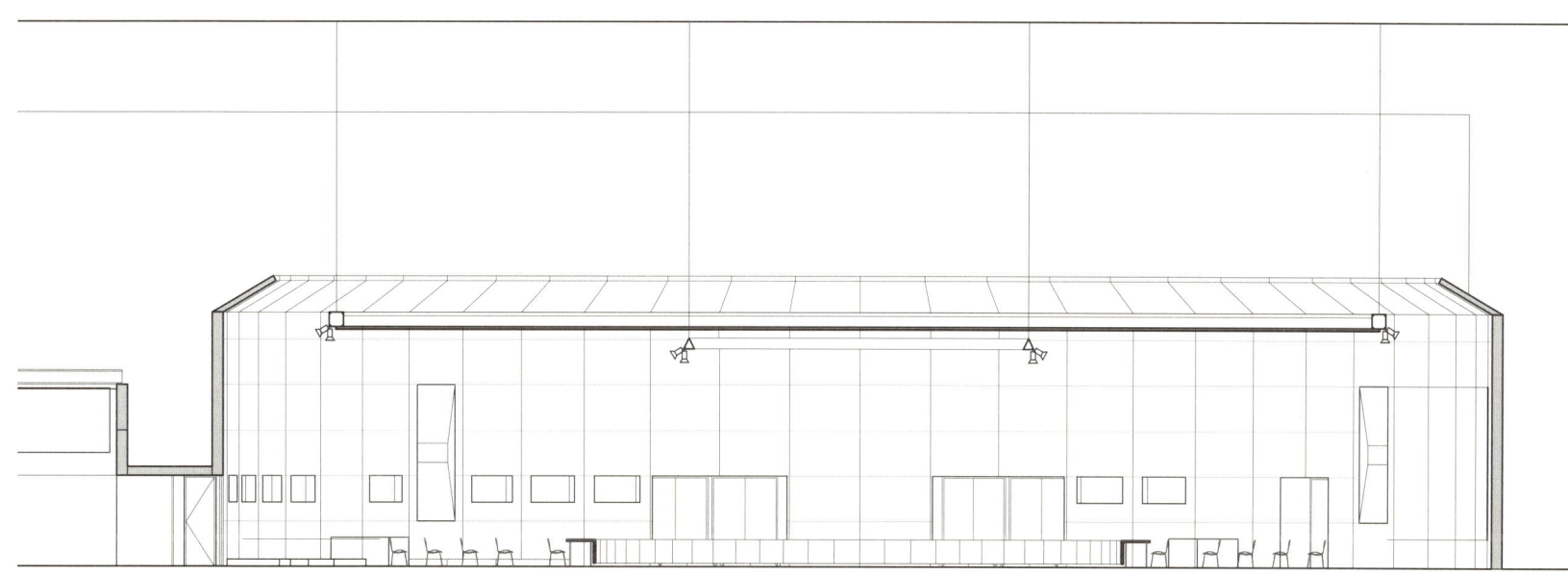

à esquerda e em cima à esquerda
Montagem da estrutura em OSB da Sala da Reunião Plenária

em cima à direita
Alçado e corte da parede da Sala da Reunião Plenária, com uma cabine de interpretação
1/200

em baixo
Corte pela Sala da Reunião Plenária
1/200

left and above left
Assembly of the OSB structure of the large conference room

above right
Elevation and section of the wall of the large conference room, with an interpreter's booth
1/200

below
Section through the large conference room
1/200

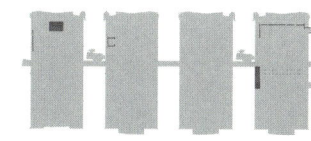

Chegada de painéis metálicos

Arrival of the metal panels

10h20

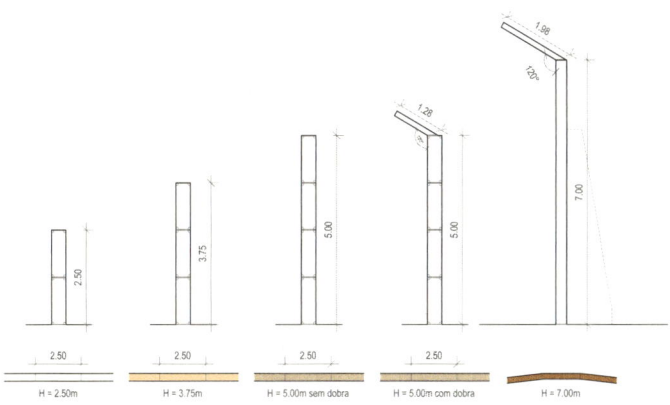

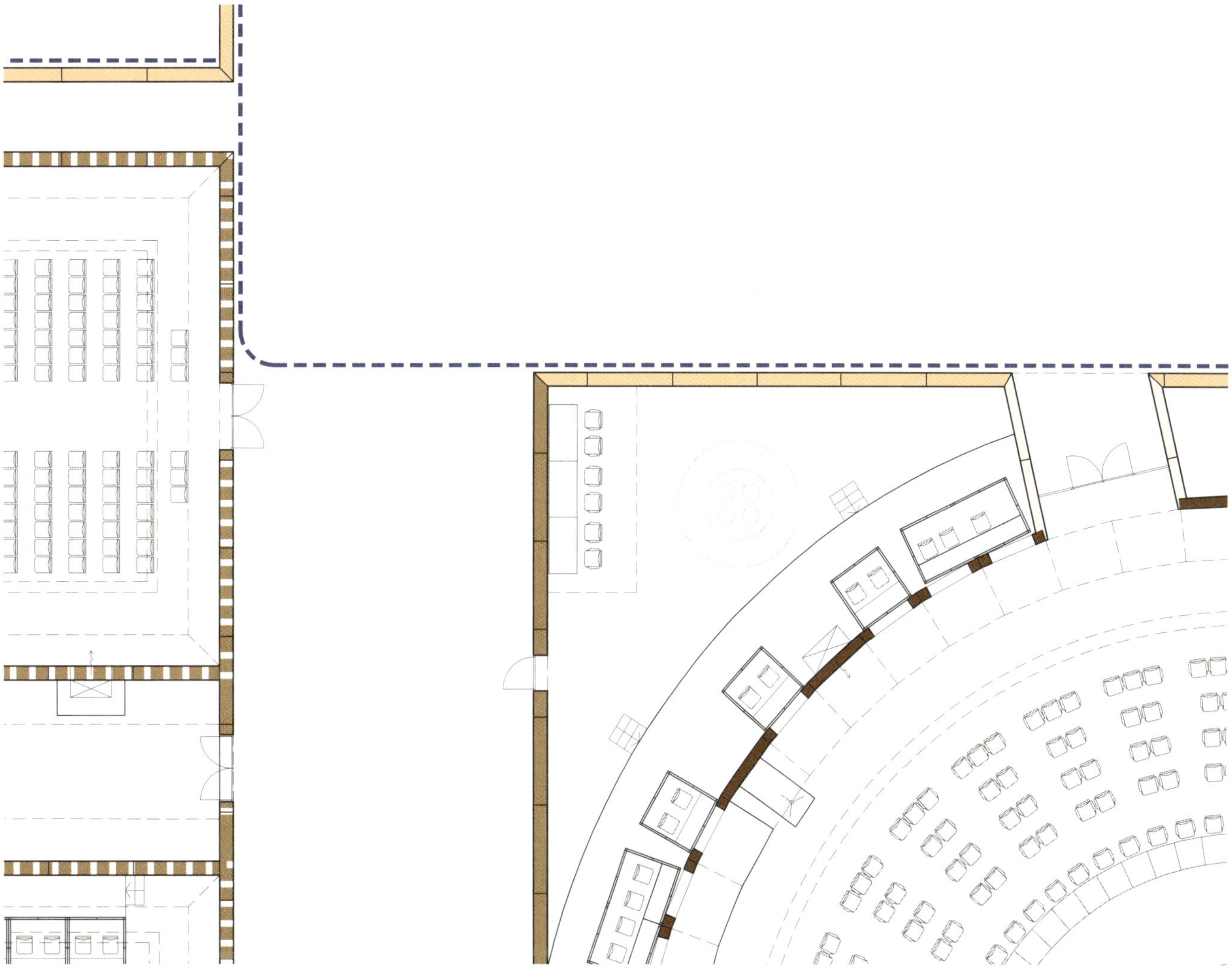

à esquerda
Corredor transversal no Pavilhão 1

em cima à direita
Variantes das paredes em OSB
1/200

em baixo à direita
Planta com localização dos diferentes tipos de paredes em OSB
1/200

left
Transversal corridor in pavilion 1

above right
Variations of the OSB walls
1/200

below right
Layout with the location of the different types of OSB walls
1/200

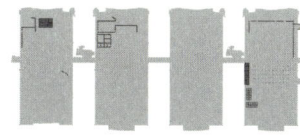

Foyer de conferências de imprensa   *Briefing lobby area*

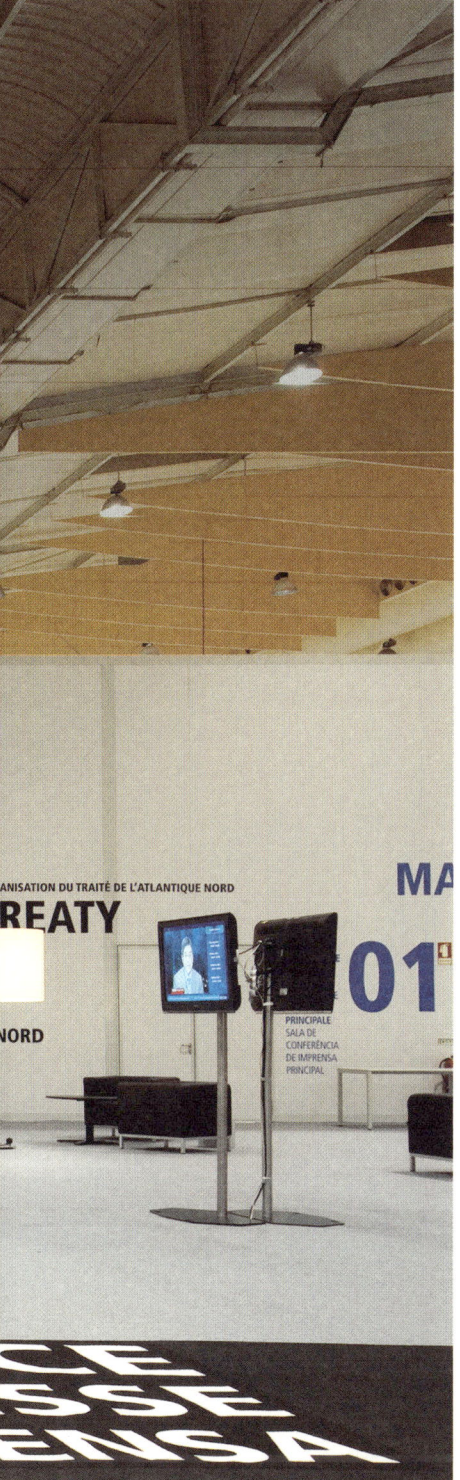

On the other hand, it is also true that this type of »project« was not strange for us. We had made, among others, the designs to adapt the spaces intended for the Presidencies of the European Union in 1992 and in 2000. But the NATO summit which was held in Lisbon on the 19th and 20th of November, 2010 was different. It was very different in terms of programme, scale, execution times and above all, in terms of global environment.

Foi muito diferente no programa, na escala, nos tempos de execução e sobretudo, na conjuntura. No programa porque era extenso, complexo e taxativo; na escala porque se tratava de construir 35 000 m², que equivalem, por exemplo, a cerca de 35% do Centro George Pompidou em Paris; nos tempos porque decorreram apenas sete meses entre a primeira reunião de trabalho e os dias da Cimeira, para além de que tínhamos só três semanas para fazer a montagem; e, finalmente, na conjuntura, porque o mundo parece caminhar para parte mais incerta. Tempos mais movediços com contornos, surpreendentemente, mais nítidos. As peças – no tabuleiro de forças global – movem-se lentamente mas com suficiente firmeza para se poderem antecipar novos cenários. Novos perigos e novas oportunidades. A génese da evolução.

Uma cimeira da NATO, um evento particularmente privilegiado para imaginarmos as dinâmicas «emergentes».

In terms of the programme because it was very extensive, complex and demanding; in terms of scale because the building area was 35,000 m², which equates, for example, to about 35% of the George Pompidou Centre in Paris; in terms of timing because there were only seven months between the first working meeting and the days of the summit, besides which we only had three weeks for the assembly; and, finally, in terms of global environment, because the world seems to be heading into unchartered territory. More unstable times but with surprisingly clearer implications. The pieces – on the gameboard of global forces – move slowly but with sufficient firmness to be able to anticipate new scenarios. Fresh dangers and new opportunities. The genesis of evolution.

A NATO summit, a particularly privileged event for us to imagine the »emerging« trends.

Em segundo lugar

O programa fornecido pela NATO determinava a construção de salas de reunião, salas de jantar de trabalho, gabinetes, salas de encontros bilaterais, instalações para as delegações, salas de conferência de imprensa, um centro de imprensa e um *TV compound*.
Um conjunto de espaços que se destinava a criar condições para receber os governantes, os acompanhantes, os jornalistas, os organizadores e os seguranças, bem como todos aqueles que prestam os mais variados serviços de apoio ao evento. Todos devidamente dispostos nas respectivas áreas, com acessos diferenciados, circulações segregadas entre si e relações de proximidade muito bem definidas. Especificações detalhadas para todos os espaços. Quantidades, áreas, mobiliário, equipamento, acústica, segurança, *standards* de qualidade, etc. Na prática, um programa tão difícil de articular

Agrupamento dos contentores para rádio

Grouping of containers for radio

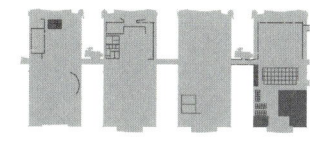

como um hospital ou um estádio de futebol, por exemplo. Uma cenografia pensada até ao mais pequeno detalhe, destinada a servir de base à produção de um evento de comunicação global. Referenciada por muitos dos comentadores políticos internacionais como a mais importante desde a fundação da Aliança, a Cimeira de Lisboa teve a participação de 51 países; 43 chefes de Estado; 110 estações de televisão; e 2500 jornalistas. Naqueles dois dias de Novembro, Lisboa abriu os telejornais em todo o mundo.

Lisboa no mapa. Era a ideia, que leva os países a competir para conquistarem este tipo de eventos para as suas cidades. Prestígio e marketing.

A Feira Internacional de Lisboa foi o local de intervenção. Uma grande infra-estrutura localizada sobre a margem do rio Tejo, no extremo nascente da cidade. Quatro grandes pavilhões onde se realizam as feiras, os congressos e outros eventos semelhantes.

Secondly

The programme provided by NATO meant the construction of meeting rooms, working dining rooms, offices, bilateral encounter rooms, installations for the delegations, press conference rooms, a media centre and a TV Compound.

A group of spaces intended to create the right conditions to receive the governors, companions, journalists, organizers and security personnel, as well as all of those who provide the whole range of support services for the event. Everyone duly set out in their respective areas, with different accesses, segregated circulations and very clearly defined relationships of proximity. Detailed specifications for all of the

Corredor das salas de encontros bilaterais no Pavilhão 2

Corridor of the bilateral meeting rooms in pavilion 2

Montagem do TV stand-up

Erection of the TV stand-up

12h00

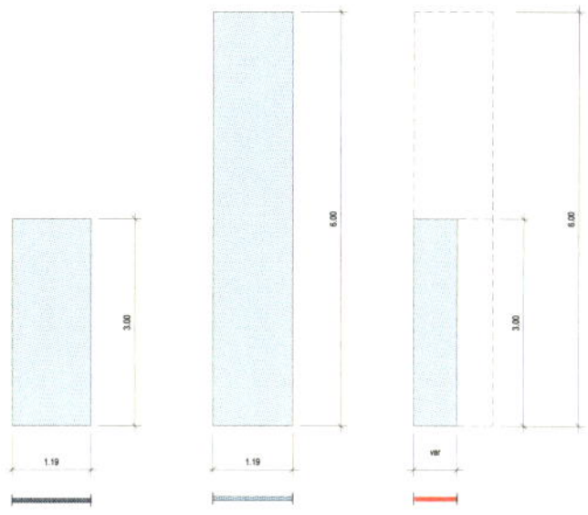

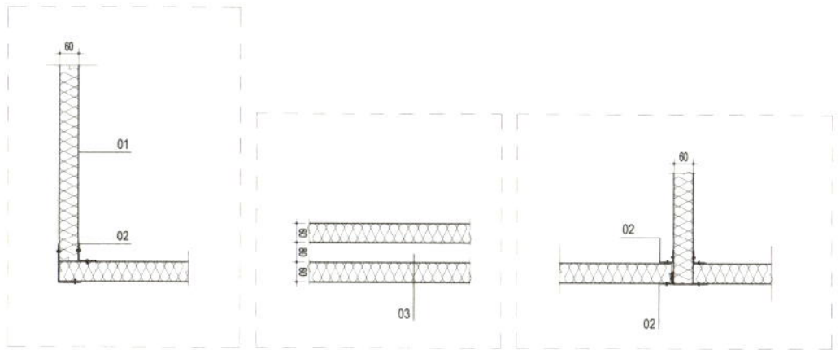

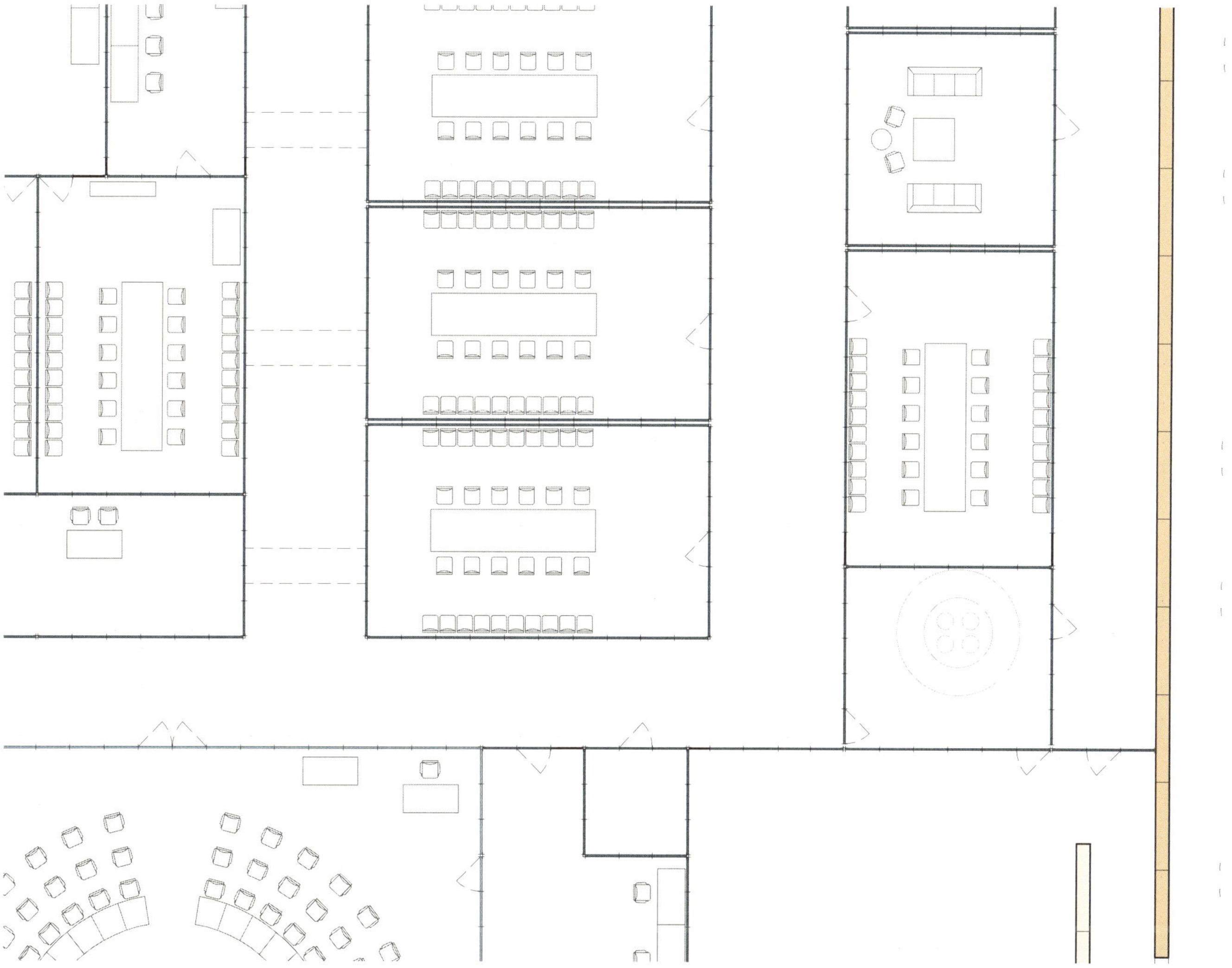

em cima
Variantes das paredes em painéis sandwich
1/200

above
Variations of the sandwich panel walls
1/200

Pormenores da construção com painéis sandwich nas salas de encontros bilaterais
1/50

Details of the construction with sandwich panels in the bilateral meeting rooms
1/50

em baixo
Planta com localização dos diferentes tipos de paredes em painéis sandwich
1/200

below
Layout with the location of the different types of sandwich panel walls
1/200

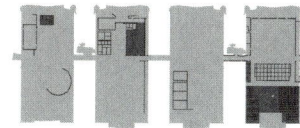

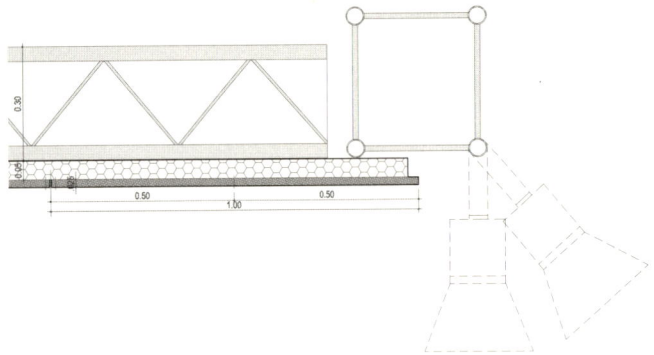

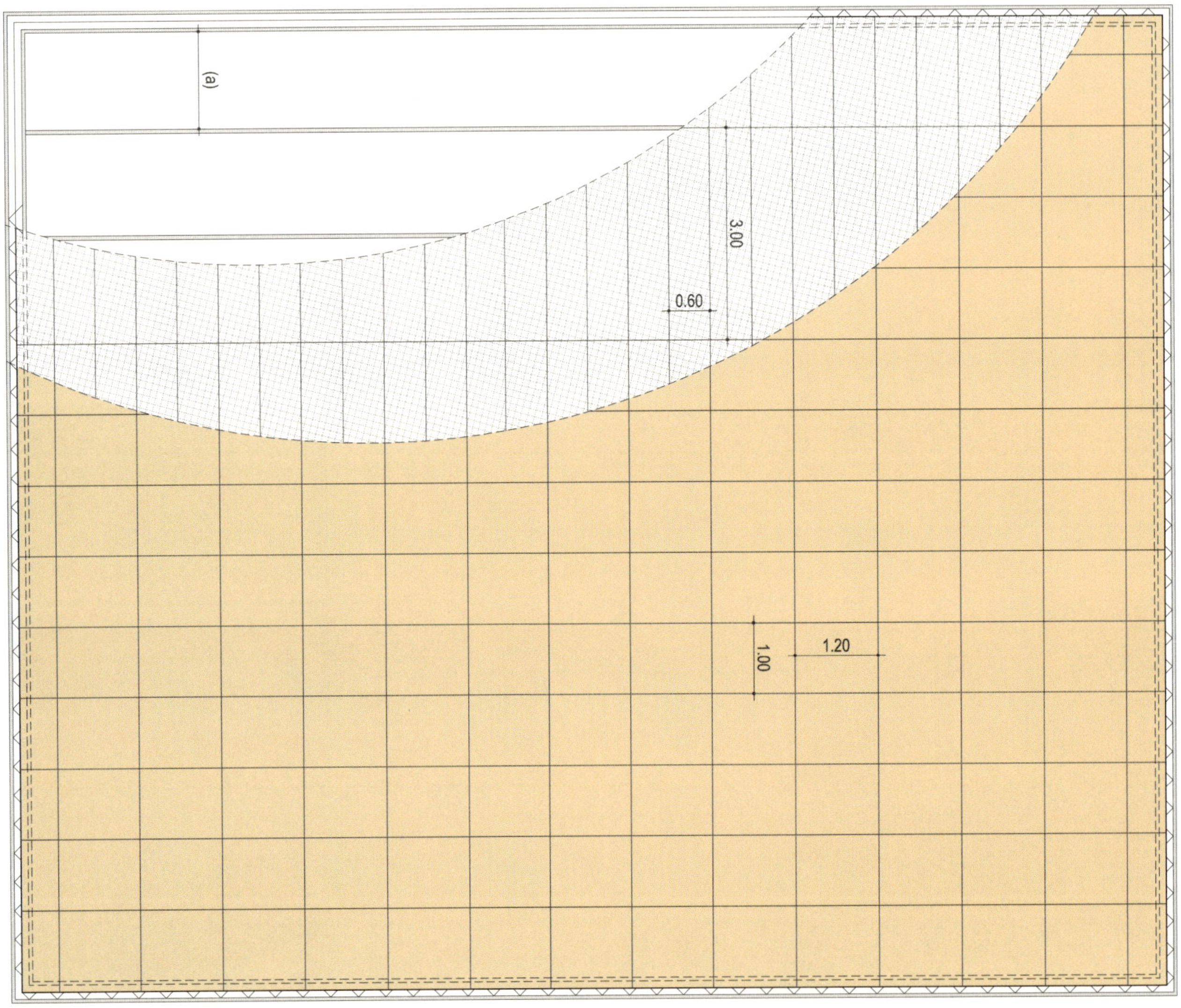

à esquerda em cima
Pormenor do tecto suspenso, com sanca de iluminação
1/20

left above
Detail of the suspended ceiling, with lighting cove
1/20

à esquerda em baixo
Planta do tecto suspenso
1/100

left below
Layout of the suspended ceiling
1/100

à direita
Sala de escuta

right
Listening room

Montagem das salas de encontros bilaterais com painéis metálicos

Assembly of the bilateral meeting rooms with metal panels

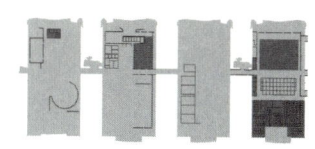

spaces. Quantities, areas, furniture, equipment, acoustics, security, quality standards, etc. In practice, a programme as difficult to articulate as a hospital or football stadium, for example. A scenography considered down to the very last detail, intended to act as the basis for the production of a global communication event. Referred to by many of the international political commentators as the most important since the Alliance was founded, the Lisbon summit was attended by 51 countries; 43 heads of state; 110 television stations; and 2,500 journalists. On those two days in November, Lisbon was the first thing on the news all around the world.
Lisbon was on the map. That was the idea that makes countries contend to host this type of event for their cities. Prestige and marketing.

Os pontos-chave da abordagem do projecto foram a organização clara do programa, a orientação das pessoas no espaço, bem como os sistemas construtivos e os materiais que deveriam responder às condições de montagem (espaço e tempo), às restrições orçamentais e às preocupações ambientais.

Organizados por temas, de acordo com este tipo de eventos; o Pavilhão 1 destinado às Conferências; o Pavilhão 2 às Delegações, o Pavilhão 3 às Conferências de Imprensa e, finalmente, o Pavilhão 4 destinado aos Media. Ao conjunto dos pavilhões foi acrescentada uma linha perpendicular de circulação que agregava os grandes

Área de trabalho da imprensa   *Press working area*

espaços representativos de cada uma das áreas funcionais e marcava, nos seus extremos, as duas principais entradas no evento, facilitando assim a percepção do espaço, tendo em conta que a sua utilização duraria apenas vinte e quatro horas e os participantes não teriam tempo para se familiarizarem com os espaços.

O carácter efémero que define este tipo de eventos e o constrangimento do tempo de montagem levaram à escolha de materiais e à definição de soluções construtivas que pudessem funcionar como um sistema tipo Lego. Todas as peças foram produzidas em fábrica e montadas posteriormente no local. Sem gesso cartonado, sem pinturas e sem cortes. Todos os materiais e equipamentos foram alugados. Os equipamentos voltaram para os seus proprietários e os materiais de construção foram reutilizados ou reciclados para outros fins.

The Lisbon International Fair was the site chosen for the intervention. A large infrastructure located on the banks of

Montagem de uma parede da sala de escuta com caixas modulares de OSB

Erecting the wall of a listening room with modular OSB boxes

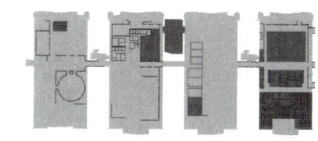

the River Tagus, at the far eastern end of the city. Four large pavilions where trade fairs, congresses and other similar events are held.

The key points of the approach to the project were the clear organization of the programme, the orientation of people within the space, as well as the building systems and materials that should meet the assembly requirements (space and time), concerning budgetary restrictions and environmental concerns.
Organized by themes, according to this type of event; pavilion 1 was intended for the conferences; pavilion 2 for the delegations, pavilion 3 for the press conferences and finally, pavilion 4 intended for the media.
A perpendicular circulation line was added to the group of pavilions which joined the large spaces representative of each of the functional areas and which had the two main entrances of the event at each of its ends, thereby facilitating the perception of the space, taking into account that it would only be used for twenty four hours and the participants would not have time to become familiar with the spaces.

The ephemeral character that defines this type of event and the time constraint for putting it together, led to the choice of materials and the definition of building solutions that could function like a Lego-type system. All the parts were factory-produced and later assembled on site. With no plasterboard, painting or cutting. All the materials and equipment were hired. The equipment returned to its owners and the building materials were reused or recycled for other purposes.

Por último
A articulação destes pontos foi efectuada sobre as intenções de desenho e imagem que pretendíamos conferir aos espaços.
Ao contrário do que é habitual nestes eventos – onde são montados *displays* para as transmissões televisivas e onde o espaço que está fora do alcance das câmaras é completamente relegado para segundo plano –, na Cimeira de Lisboa apostámos num tratamento mais homogéneo dos vários espaços.

Criando, obviamente, os cenários para as televisões, mas desenhando as áreas de trabalho como cenários: como fundo para os directos.
Deixando um amplo espaço de liberdade aos jornalistas, para escolherem o seu ponto de vista e, assim, poderem diferenciar o seu trabalho do das outras estações.

Por outro lado, procurámos criar ambientes que estabelecessem a ligação entre as salas de reunião e as áreas de imprensa. Tratar todos os espaços de representação e as ligações entre eles. O corredor de ligação entre os pavilhões e os grandes espaços de encontro e de espera que lhes estavam associados. Os saltos bruscos de escala entre o muito grande, representativo, e o apertado; os materiais quentes e confortáveis, os grafismos, a sinalética e a iluminação, convergindo numa forma fluida e natural. Um ambiente que impressionava não pela exuberância ou pelo excesso, mas pela escassez, pela atenção ao detalhe e, sobretudo, pelo uso de materiais pouco convencionais. Materiais geralmente associados a obras, a armazéns e a construções pouco qualificadas, que aqui, pelo modo como foram manipulados, transformaram a percepção que deles temos, criando novas possibilidades e, de certo modo, uma sensação de estranheza que perturbou os mais curiosos.
Senhor arquitecto, as paredes [na sala de reuniões principal] *vão ficar assim? Sem acabamento? Mas esta coisa não é uma espécie de madeira que usam para fazer o esqueleto das casas na América? Placas prensadas com desperdícios de madeira? No espaço nobre da Cimeira? Onde se vão reunir os chefes de Estado? Olhe que eles não estão habituados...* (silêncio) *Bem... pois, mas vendo bem... De perto não sei, mas ao longe, quando olhamos a sala toda, até está confortável e acolhedora. Que estranho! Quem diria que com estes materiais... Mas, prepare-se para as críticas! Porque estas pessoas são muito conservadoras*, dizia-me um dos responsáveis da NATO, na véspera da Cimeira.

Lastly
These points were articulated over the design and image that we wanted the spaces to convey.
As opposed to what usually happens in these events – where displays are set up for the television transmissions and where the space that is outside of the range of the cameras is completely relegated to the background –, in the Lisbon summit we went for a more homogeneous treatment of the various spaces.

Obviously creating the scenarios for the television, but designing the working areas like scenarios: as a backdrop for live broadcasts. Leaving an ample, open

Montagem da pala do Centro de Imprensa
Erection of the awning of the International Media Centre

11h30

space for the journalists to choose their own angle to film from and so be able to differentiate their work from that of the other stations.

On the other hand, we sought to create environments that would establish a connection between the meeting rooms and the media areas. To deal with all of the spaces of representation and the connections between them. The connecting corridor between the pavilions and the large spaces for meeting points and waiting areas associated to them. The sharp changes in scale between the very large, representative, and the tight-fit; the warm and comfortable materials, the graphics, the signage and lighting, converging fluidly and naturally. An atmosphere that impressed not for its exuberance or excess, but for its minimalism, for the attention to detail and, above all, for the use of not very conventional materials. Materials generally associated to construction works, warehouses and lower quality buildings, which here, due to the way in which they were manipulated, transformed our perception of them, creating new possibilities and, in a way, a feeling of strangeness that perturbed the more curious. »*Mr. Architect, is that how the walls* [in the main meeting room] *are going to be? With no finishing? But isn't this the kind of wood they use for putting up the frames of houses in America? Oriented Strand Board made from wood waste? In the noble space of the summit? Where the heads of state are going to meet? Look, they're not used to... (silence) Well... but then, on the other hand... Up close, I'm not sure, but further away, when we look at the whole room, it's even quite comfortable and cosy. How strange! Who would imagine that with these materials...? But, prepare yourselves for the criticism! Because people are very conservative*«, some of the people in charge in NATO told me on the eve of the summit.

Entrada e saída principal do Centro de Imprensa

Main entrance and exit to the International Media Centre

Lustre do hall das salas de conferências

Chandelier of the Grand Hall conference rooms

Linha do tempo 3 semanas
Timeline 3 weeks

O MOMENTO

THE MOMENT

Nuno Gusmão

O momento ideal para a integração de equipas de design em projectos de arquitectura depende dos objectivos e intenções de cada situação. Nesta colaboração, foi determinante termos sido integrados na equipa durante a fase de desenvolvimento da arquitectura; esta antecipação permitiu um desenvolvimento conceptual do projecto de ambientes e sinalética, com soluções que enaltecem os espaços e se integram na arquitectura. Uma correcta «leitura» espacial, para além de essencial, é, acima de tudo, potenciadora de soluções interventivas, inesperadas e não convencionais, o que, em última análise, será o objectivo de um bom projecto de design de ambientes e comunicação.

Acredito que o *timing* do convite que nos foi feito pelo atelier Risco terá sido elemento crucial para o sucesso da relação de trabalho e integração das duas disciplinas, arquitectura e design, e do projecto em si, que se poderá comprovar pelo resultado final apresentado neste livro.

As premissas
Como premissas principais do projecto, tínhamos um evento efémero de curta duração, dois dias, uma área de grande dimensão (cerca de 35 000 m^2), um pé direito médio de aproximadamente 15 metros e diferentes tipos de espaços, com utilizações muito diversificadas e restritivas. Perante isto, necessitávamos de um sistema de sinalética e comunicação claro, de leitura e apreensão rápida, simples e directa, onde as opções cromáticas seriam também de extrema importância, para funcionarem como apoio à sinalética, através da rápida identificação de espaços e áreas.

The ideal moment to join a design team on an architecture project depends on the objectives and intentions of each situation. In this collaboration, the fact that we joined the team while the architecture was being developed was decisive; this early involvement helped in the conceptual development of the design of the environments and sig-

Representação esquemática da espinha dorsal do sistema de circulação

Layout of the backbone of the circulation system

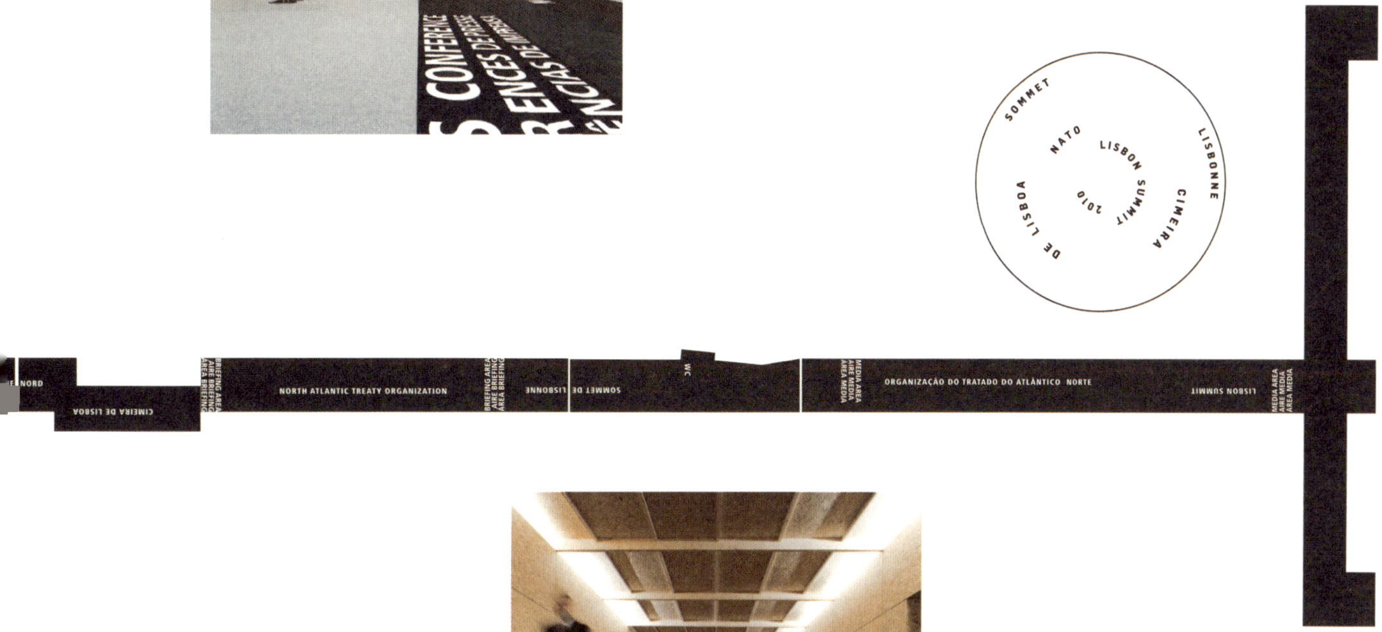

O MOMENTO THE MOMENT 107

Montagem de uma parede em OSB da Sala da Reunião Plenária

Erecting an OSB wall of the large conference room

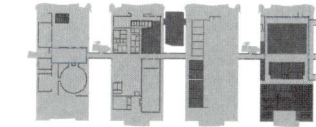

15h45   03.11.2010

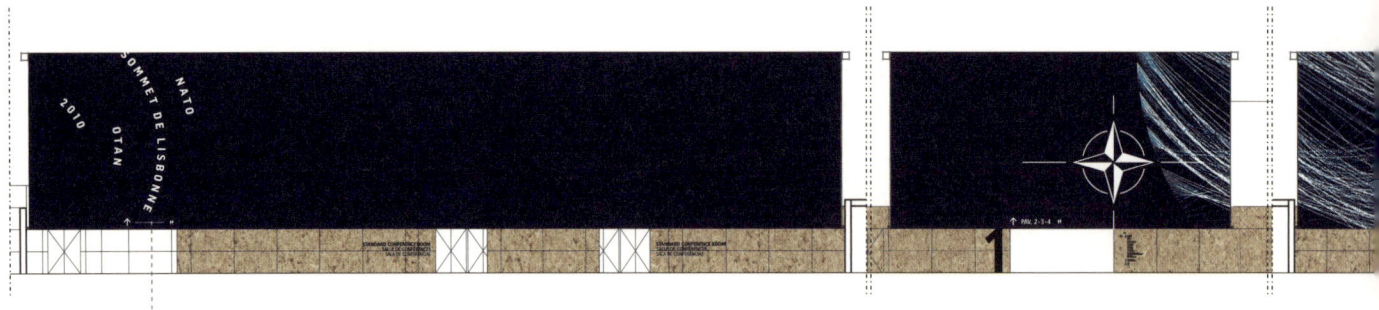

nage, with solutions that bring out the best in the spaces and integrate into the architecture. A correct spatial »interpretation«, besides being essential, makes way, above all, for interventional, unexpected and unconventional solutions, which, at the end of the day, is the aim of a good design of environments and communication.

I believe that the timing of our invitation from the atelier Risco was a crucial factor in the success of the working relationship and the integration of both professional areas, architecture and design, and of the project in itself, which is proven by the end result presented in this book.

The initial premises
The main premises of the project were that we had an ephemeral short-duration event of two days, a large area (around 35,000 m^2), an average ceiling height of approximately 15 metres and different types of spaces to be used in very diverse and restrictive ways. Given this, we needed a clear signage and communication system that could be quickly interpreted and understood, simple and direct, where the chromatic options would also be extremely

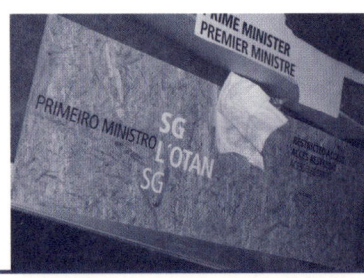

Aplicação da sinalização nas paredes do fórum

Application of signage on the walls of the forum

09h55

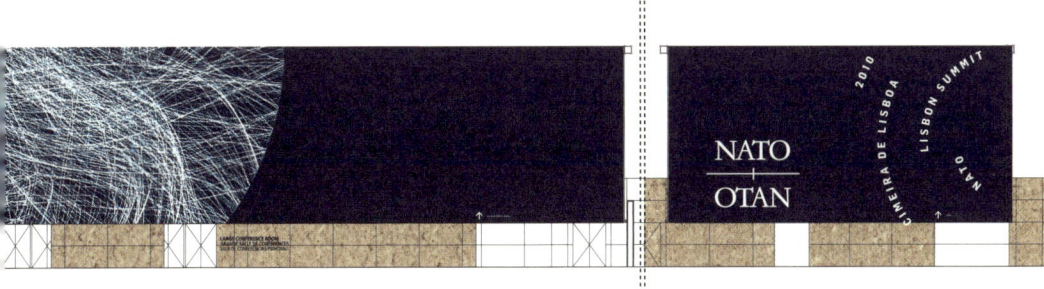

important so as to support the signage with the rapid identification of spaces and areas.

O conceito global
O plano horizontal (pavimento)
A «leitura» do projecto em planta induziu rapidamente para a definição de um «eixo» central para a sinalética. No pavimento, uma «espinha dorsal» de circulação geral, escolhida como plano preferencial «contentor» de sinalética, destaca-se pela sua cor preta, onde o posicionamento e o contraste do *lettering* branco de grandes dimensões permitem a rápida descodificação das direcções e localização de espaços.
A utilização do pavimento como suporte de sinalética demonstrou-se eficaz, pois a visão em profundidade, num espaço com estas dimensões, torna o pavimento num plano bastante interessante e eficaz a nível visual. Os restantes espaços são em cinza, gradação natural do preto, exceptuando as salas de conferência de imprensa, onde o branco do pavimento e das paredes se torna inesperadamente envolvente e calmo, muito eficaz para a importância e o objectivo das próprias salas.

O plano vertical (paredes)
A opção da arquitectura de utilização de um material (OSB), com possibilidade de futuro reaproveitamento, por questões de sustentabilidade, para as paredes separadoras e definidoras dos espaços foi «emoldurada» pela restante intervenção cromática no intuito de a «isolar» e conferir importância estética na leitura global do espaço.
Assim, como presença constante, até aos três metros de altura, temos a cor de madeira, que resulta numa «linha» contínua, emoldurada em baixo pelo preto do pavimento e por cima pelo azul das grandes telas institucionais. As

Parte do layout gráfico dos alçados interiores do Pavilhão 1

Part of the graphic layout of the interior elevations of pavilion 1

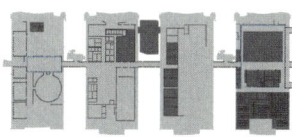

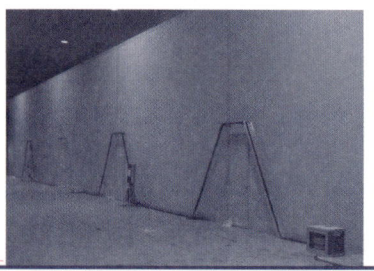

Colocação de instalações eléctricas

Placement of electrical installations

11h00

à direita
Ilustração alusiva ao conceito de «sinapses»/«ligações»

à esquerda
Aplicação da ilustração no centro da mesa principal de conferências

right
Illustration suggesting the concept of »synapses«/»connections«

left
Application of the illustration in the centre of the main conference table

aplicações de sinalética, quando necessárias, estão presentes em preto e branco sobre o OSB, com a escala e posicionamento adequados à dimensão do espaço.

Uma vez mais, a zona das salas de conferências de imprensa é a excepção, onde o branco é presença constante, também por opções de materiais reutilizáveis, com uma intervenção gráfica de grandes dimensões no exterior das salas, que diferencia este espaço dos restantes, «anuncia» e comunica os conteúdos das mesmas. As grandes telas azuis institucionais,

utilizadas nas salas onde é aproveitado o pé direito na totalidade, são suporte de comunicação temática ao nível geral, embora sejam também suporte de sinalética de orientação. As aplicações gráficas sobrepõem-se aos dois planos, azul e madeira, com o intuito de as «unir» visualmente, tornando-as um grande plano único de duas cores.

The global concept

The horizontal plane (floor)
The »interpretation« of the plans of the project quickly led to the definition of a central »axis« for the signage. A »backbone« of general circulation on the floor, chosen as the preferred plane to »contain« the signage, stands out for its colour, black, where the positioning and the contrast of large white lettering help to quickly decode the direction and location of spaces.

Using the floor as the support for signage turned out to be effective as the depth of vision, in a space of this size, made the floor a quite interesting and effective plane in visual terms. The other spaces are in grey, a natural gradation of black, except for the press conference rooms, where the white of the floor and of the walls was unexpectedly involving and calm, very effective for the importance and objective of the rooms themselves.

The vertical plane (walls)
The option for the architecture to use a material (OSB), that could be re-used in the future due to questions of sustainability, for the separating walls that defined the spaces was »framed« by the other chromatic intervention so as to »isolate« and lend aesthetic importance to the global impression of the space. So, we have the colour of wood as a constant presence up to three metres high, which results in a continuous »line«, framed at the bottom by the

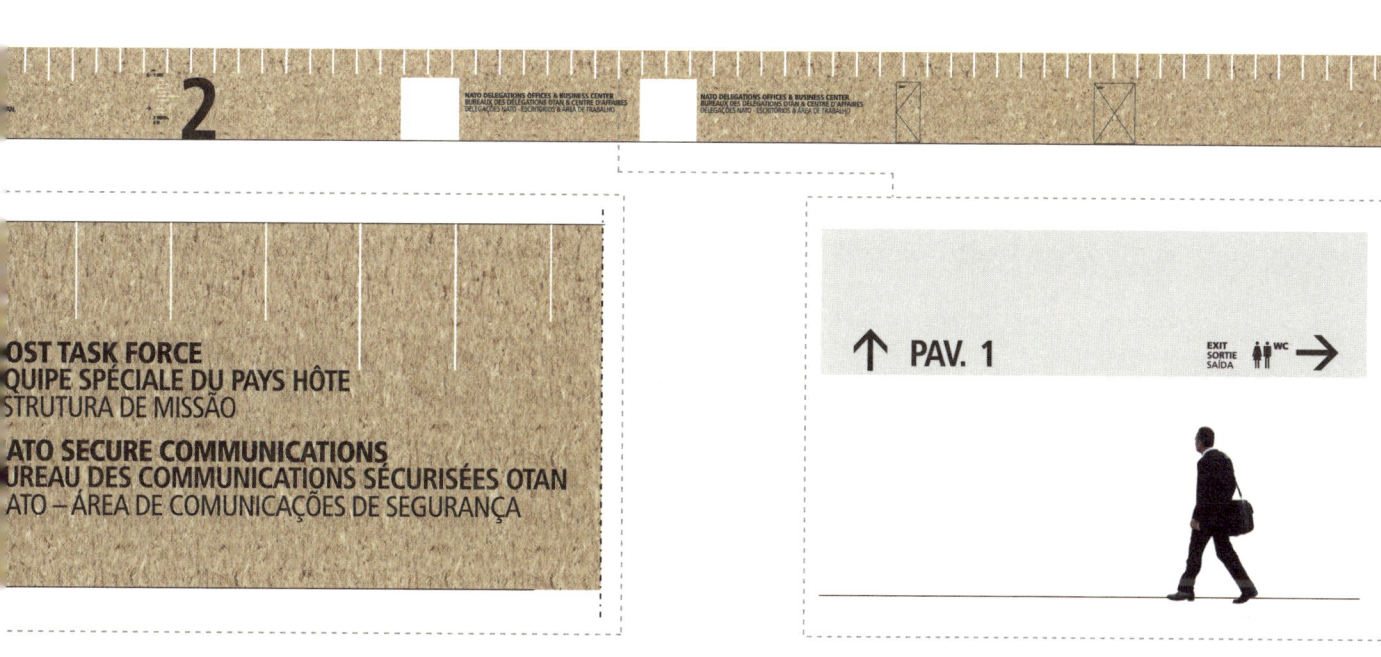

Parte do layout gráfico dos alçados interiores do Pavilhão 2

Part of the graphic layout of the interior elevations of pavilion 2

Construção da mesa de conferências da Sala da Reunião Plenária

Construction of the conference table in the large conference room

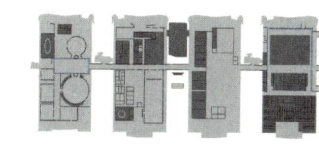

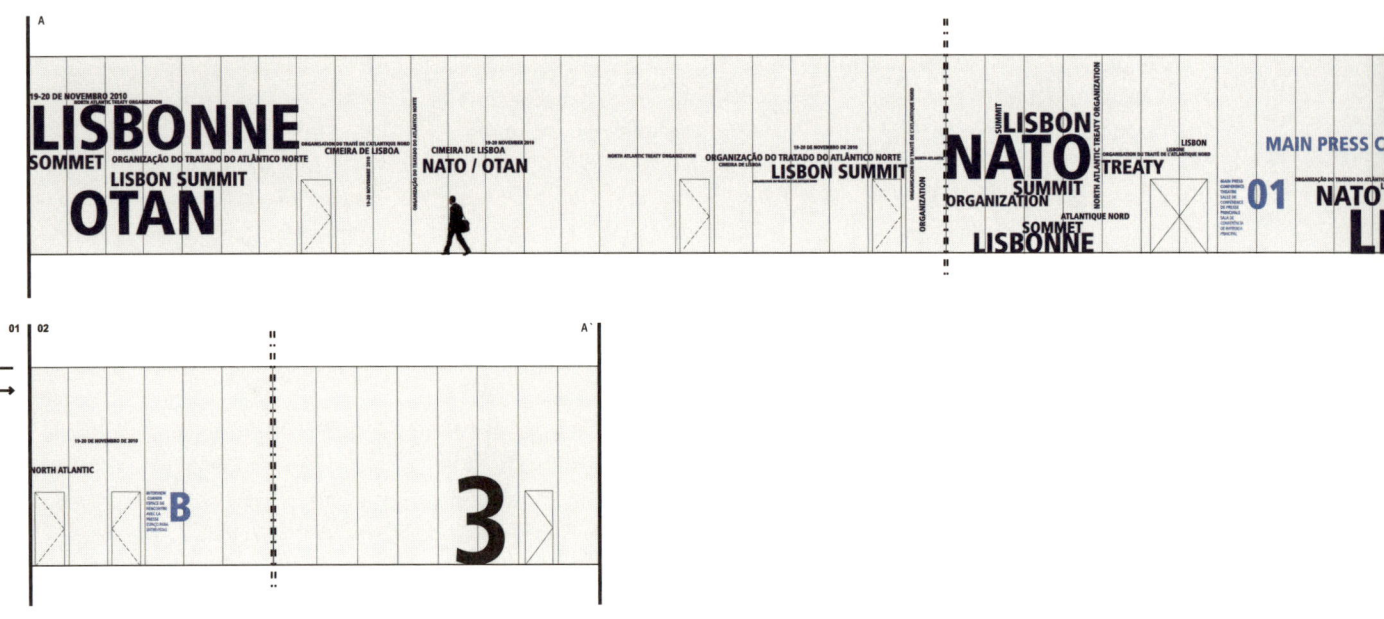

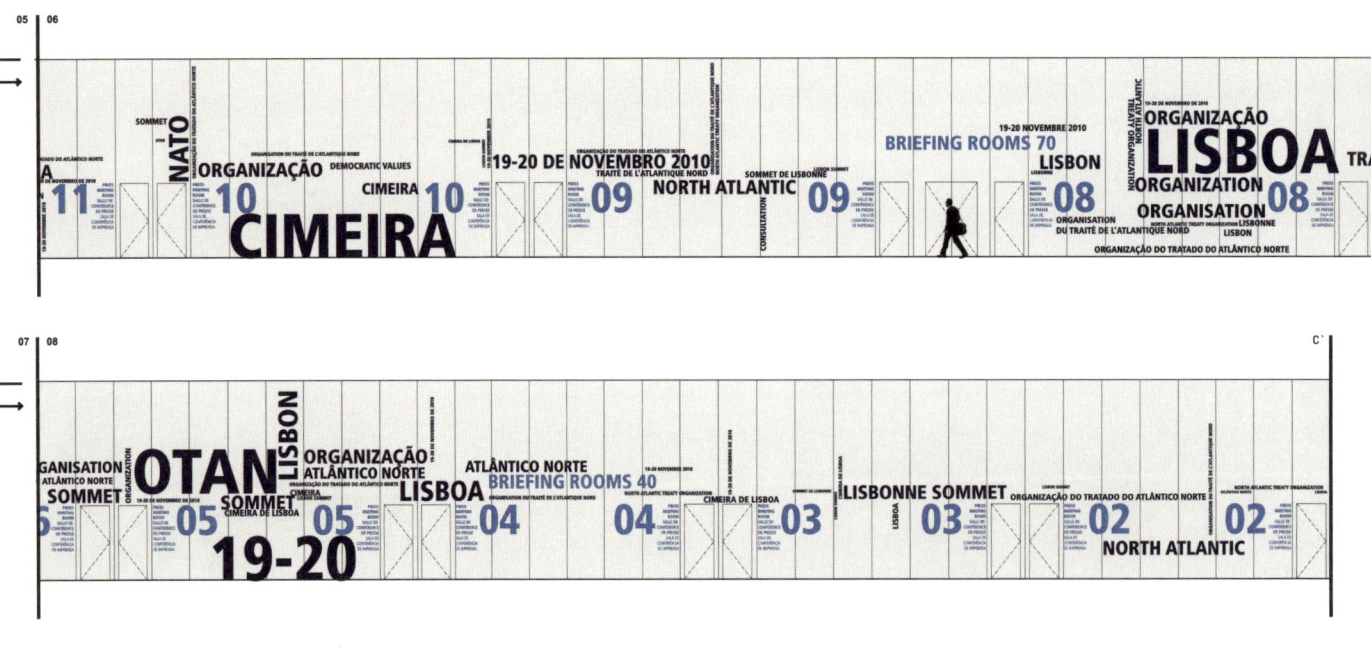

Parte do layout gráfico dos alçados interiores do Pavilhão 3

Part of the graphic layout of the interior elevations of pavilion 3

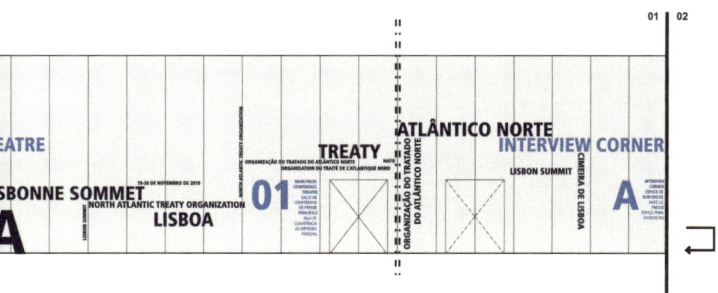

Organização das cabinas de interpretação simultânea na sala principal
Organization of the simultaneous interpretation booths in the main room

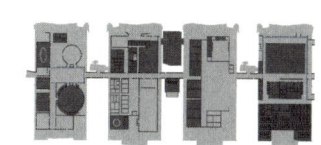

14h30 07.11.2010

black of the floor and above by the blue of the large institutional canvases. The applications of signage, when necessary, are present in black and white on the OSB, with the appropriate scale and positioning for the dimensions of the space. Once again, the zone of the press conference rooms is the exception, where white is the constant presence, also due to options concerning reusable materials, with a large graphic intervention outside of the rooms, which differentiates this space from the others, «announcing» and communicating their content.

The large blue institutional canvases, used in the rooms where the full ceiling height is taken advantage of, serve as a support for thematic communication in general, although they are also used for directional signage. The graphic applications are overlaid on two planes, blue and wood, to create visual »unification«, turning it into a single plane of two colours.

O plano horizontal (tectos)

O plano do tecto, com todas as dificuldades orçamentais, foi sempre o mais complicado de solucionar e os esforços foram orientados para as zonas mais «sensíveis» a nível espacial e visual. O *foyer* das salas de conferência, a zona seguramente mais

Instalações dos sistemas de aquecimento, ventilação e ar condicionado

Heating, Ventilation and Air Conditioning system installations

delicada de todo o complexo, aparentava um «vazio» ao nível do tecto que foi preenchido por um grande «lustre», à imagem dos grandes salões dos palácios, através da simples suspensão de lâmpadas fluorescentes na posição horizontal, criando uma «nuvem» de luz em aparente movimento. Na sala dedicada aos media, palco de transmissão diária de imagens para todo o mundo, o título do evento foi estrategicamente colocado no tecto, em forma circular e em material espelhado, reflectindo os movimentos do ambiente da sala.

Imagem gráfica geral

Um evento com estas características, onde a transmissão de imagens (fotos e TV) a nível planetário é de extrema importância, a composição gráfica tem como premissa principal o estudo em termos de escala, ângulos de visão e posicionamento dos diversos elementos, para o espaço em si, bem como para a difusão de imagens. A imagem gráfica geral desenvolvida para todos os suportes tem como predominante de escala a palavra Lisboa nas três línguas, Português, Inglês e Francês, com claras intenções de destaque. Depois, frases que comunicam os conteúdos do evento, o logotipo da NATO, a ilustração criada para o evento (círculo de traços) e o logo do evento (elemento gráfico que não foi desenvolvido por nós).
A ilustração (círculo de traços) surge na sequência da concepção da imagem gráfica geral, tentando ser a síntese do evento, por si só. Um círculo formado por traços, aparentemente aleatórios, que representam o mundo e todas as suas «sinapses»/«ligações», numa clara alusão ao objectivo da NATO *per si*, cujo momento alto é, seguramente, no centro da mesa principal de conferências, situação estética que melhor explicita o conceito de «sinapses»/«ligações».

The horizontal plane (ceilings)
Given all of the budgetary restraints, the plane of the ceiling was always the most

à esquerda
Visualização de um projecto não executado da iluminação na foyer de conferências de imprensa

à direita
Parte do layout grafico dos alçados interiores do Pavilhão 3

left
View of an unused idea for the lighting in the briefing lobby area

right
Part of the graphic layout of the interior elevations of pavilion 3

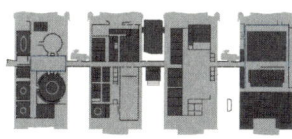

complicated to resolve and our efforts were directed towards the more »sensitive« zones in spatial and visual terms. The foyer of the conference rooms, the area that was certainly the most delicate of the whole complex, looked like a »void« in terms of the ceiling which was filled by a large »chandelier«, just like the large halls in palaces, through the simple suspension of fluorescent lamps in the horizontal position, creating a »cloud« of light in apparent movement. In the room dedicated to the media, the stage of the daily transmission of images throughout the world, the title of the event was strategically placed on the ceiling, in a circular shape and in mirrored material, reflecting the movement of the room below.

General graphic image
An event with these characteristics, where the world-wide transmission of images (photos and TV) is highly important, the main premise of the graphic composition is the study in terms of scale, angles of vision and positioning of the diverse elements, for the space in itself, as well as for the transmission of images. The predominant feature in terms of scale for the general graphic image developed for all of the supports was the word »Lisboa« in three languages, Portuguese, English and French, all clearly highlighted. Then, phrases that communicate the content of the event, NATO's logo, the illustration created for the event (a circle of dashes) and the logo of the event (a graphic feature that was not designed by us). The illustration (circle of dashes) arose following the conception of the general graphic image, attempting to be the synthesis of the event, in itself. A circle formed from apparently aleatory dashes, which represent the world and all of its »synapses«/»connections«, in a clear allusion to the objective of NATO per se, the high point of which is, certainly, in the centre of the main conference table, an aesthetic situation that best demonstrates the concept of »synapses«/»connections«.

Montagem das instalações eléctricas e de comunicação

Assembly of electrical and communication installations

Parte do layout gráfico dos alçados interiores do Pavilhão 4

Part of the graphic layout of the interior elevations of pavilion 4

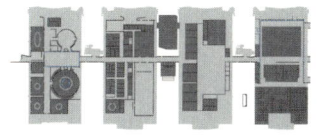

Recolha de áudio e vídeo *Audio and video feedpoints*

Linha do tempo 3 semanas
Timeline 3 weeks

OS CONSTRUTORES
THE BUILDERS

António Ribeiro

Esta história começa em Fevereiro de 2010, quando fui convidado para ser o Coordenador Técnico da Cimeira da NATO de chefes de Estado e de Governo, a realizar em Novembro do mesmo ano. Comigo trazia uma experiência, já com 15 anos, na organização de outras cimeiras promovidas pelo Ministério dos Negócios Estrangeiros. Pela importância, exigência e grau de envolvimento pessoal, realço a Cimeira da OSCE no Centro Cultural de Belém (1996), como a primeira experiência nestas lides, a Cimeira Ibero-Americana (1998) que trouxe Fidel Castro ao Porto e me levou a intervir no renovado edifício da Alfândega, ou, ainda, a Presidência Portuguesa da União Europeia (2000) realizada em diferentes locais do País, entre os quais o edifício da velha FIL da autoria de Keil do Amaral.

A leitura do memorando de entendimento dos requisitos técnicos e organizacionais, com 140 páginas, produzido pela NATO, fez com que rapidamente tivesse a consciência de estar perante o meu maior desafio profissional até à data, dado tratar-se, sem dúvida, do maior evento político desta natureza realizado alguma vez em Portugal, pelo elevado número de delegações e jornalistas, a sua importância e a visibilidade internacional... *size does matter after all!*

This story began in February 2010, when I was invited to be Technical Coordinator of the NATO summit of heads of state and government to be held in November of the same year. I already had 15 years experience of organising other summits promoted by the Ministry of Foreign Affairs. Due to their importance, high standards and degree of personal involvement, I would highlight the OSCE summit in the Belém Cultural Centre (1996), as my first experience in these affairs, the Ibero-American summit (1998) that brought Fidel Castro to Porto and led me to work on the renewed customs building, and also the Portuguese Presidency of the European Union (2000) held in different cities around

the country, among which were the building of the former FIL designed by Keil do Amaral.

Reading the 140 page memorandum of understanding of the technical and organisational requirements, produced by NATO, made me very quickly aware that this was my biggest professional challenge to date, given that it was, without a doubt, the biggest political event of this nature held to date in Portugal, given the number of delegations and journalists, its importance and international visibility... size does matter after all!

A aumentar a tensão, o curto prazo de tempo para a planificação e execução deste evento. Acresce ainda que, por constrangimentos muitas vezes presentes neste tipo de eventos, sendo esta empreitada complexa, mais ficou quando a versão final do memorando foi apenas aprovada em Maio, isto é, a escassos seis meses do evento. Mas todos sabíamos que só havia um caminho a seguir... sempre com um total envolvimento, proactividade e espírito empreendedor. E assim, após consulta ao mercado para a execução do projecto do interior e exterior da Feira Internacional de Lisboa, felizmente foi escolhido um gabinete de arquitectura com uma larga experiência em eventos desta compleição, o que foi, sem dúvida, um factor determinante para o sucesso da coordenação técnica. O resultado final confirmou a elevada competência dos arquitectos envolvidos, bem expressa na interpretação do memorando, na qualidade das soluções encontradas e na capacidade de adaptação às permanentes alterações solicitadas no *layout* dos espaços.

Mas isso não bastava, uma vez que a montagem era a chave do problema. Assim, tornava-se necessário que o projecto a transformasse numa operação rápida e eficaz. Por isso, coloquei na mesa de estirador a necessidade de serem encontradas formas construtivas que privilegiassem a manufactura em fábrica, em detrimento da construção no interior dos pavilhões. É preciso sublinhar que falávamos de uma operação a realizar em apenas 19 dias, e de uma área de 35 000 m^2, ou seja, a totalidade dos quatro pavilhões da FIL. Dado o curtíssimo período de utilização, todos os materiais e equipamentos deveriam ser de baixo custo, com capacidade de reutilização ou reciclagem, fáceis e rápidos de montar, contratados em regime de aluguer. Para além disso, foi evitada a utilização de materiais como o aglomerado de gesso, muito habitual nestas operações, e a manufactura ou pintura no local de divisórias e tectos.

To rack up the tension there was only a short time frame for the planning and execution of this event. Furthermore, due to constraints that are very common in this type of event, if this undertaking was complex it became even more so when the final version of the

Preparação dos tectos das salas de conferências

Preparation of the ceiling of the conference rooms

à esquerda
Vista do eixo principal a partir do TV stand-up

à direita
Escada e tela do TV stand-up, com os contentores da rádio ao fundo

left
View of the main axis from the TV stand-up

right
Stairs and screen of the TV stand-up, with the Radio booth containers in the background

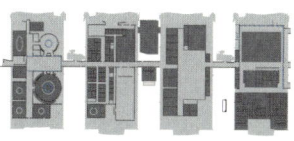

10.11.2010

à esquerda
Fachada da entrada principal

left
Main entrance façade

à direita em cima
Tapete vermelho da entrada para os chefes das delegações

Above right
Red carpet at the entrance for the delegation heads

à direita em baixo
Uma das infra-estruturas efémeras concebidas para o controlo de acesso ao recinto da cimeira e acreditação dos media

Below right
One of the temporary infrastructures designed for access control to the summit enclosure and media passes

Teste de luz cénica nas salas de conferências
Scenic lighting test in the conference halls

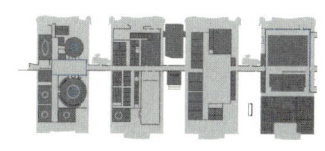

memorandum was only approved in May, or rather, just six months before the event. But we all knew that there was only one option open... one of permanent and total involvement, pro-activity and an entrepreneurial spirit. And so, after consulting the market for the execution of the project on the interior and exterior of the Lisbon International Fair, fortunately, an architecture firm with considerable experience in events of this type was chosen, which was, without doubt, a decisive factor for the success of the technical coordination. The end result confirmed the high level of competence of the architects involved, clearly expressed in the interpretation of the memorandum, in the quality of the solutions found and in the capacity to adapt the permanent alterations requested in the layout of the spaces.

But this was not enough, as the erection and assembly was the key to the problem. So, it became necessary to transform the project into a quick and effective operation. I therefore placed on the drawing board the need to find ways construction solutions that favoured factory-built solutions as opposed to construction inside the pavilions. It should be stressed that we were talking of an operation that had to be carried out in only 19 days, and of an area of 35,000 m^2, or rather, all four pavilions of the FIL. Given the very short period of use, all the materials and equipment had to be low cost and reusable or recyclable, quick and easy to set up and acquired under hire contracts. Besides this, the use of materials such as plasterboard, which is very common in these operations, was avoided, as was the on-site manufacture or painting of partitions and ceilings.

Perante estes requisitos, as soluções encontradas pela equipa de arquitectura revelaram-se de grande engenho e inovação. Falamos concretamente dos blocos de aglomerado de madeira OSB, encaixáveis entre si, dos painéis metálicos tipo sanduíche com isolamento de poliuretano e dos contentores metálicos para espaços exteriores ou cabines de rádio do Centro de Imprensa.

Levantamento da tela do foyer do Pavilhão 1

Raising of the screen in the foyer of pavilion 1

à esquerda
Corte esquemático do lustre

à direita
Hall das salas de conferências, com lustre

left
Schematic section of the chandelier

right
Grand Hall conference rooms, with chandelier

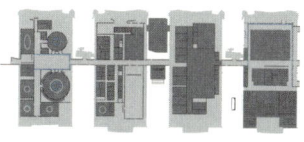

12.11.2010

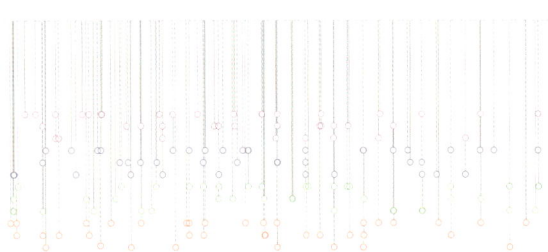

L.T

Levantamento do candeeiro do foyer do Pavilhão 1

Raising the lighting in the foyer of pavilion 1

10h20

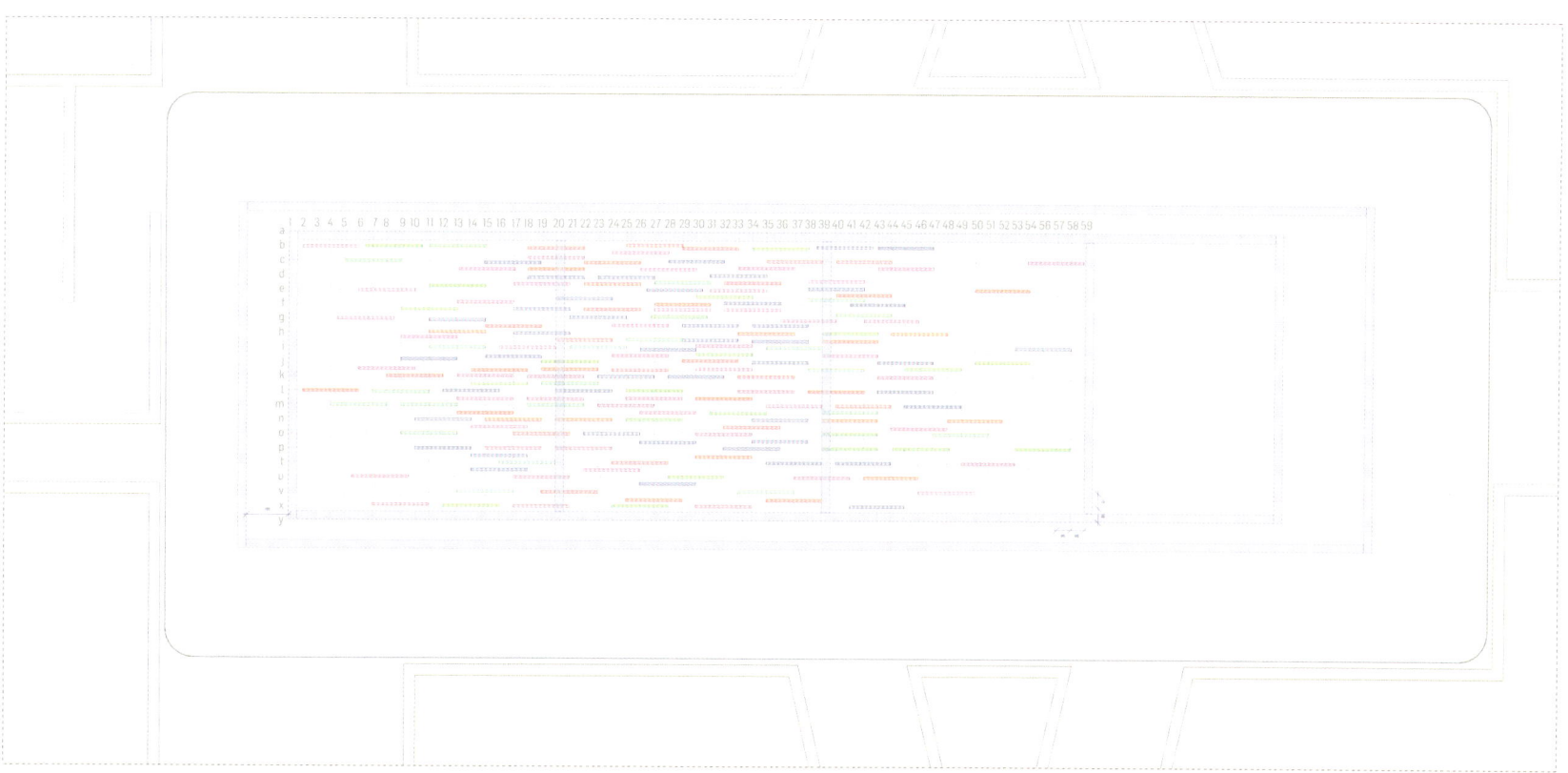

em cima
Montagem do lustre

em baixo à esquerda
Corte do lustre

em baixo à direita
Planta de tecto com lustre

above
Putting the chandelier into place

below left
Section of the chandelier

below right
Ceiling layout with chandelier

As soluções iam sendo encontradas, mas faltava ainda responder à exigência do memorando de garantir o total isolamento acústico das salas de conferência, por razões de segurança. Dado que as salas tinham uma grande dimensão (por exemplo, o recinto destinado à reunião de chefes de Estado e de Governo da Nato tinha um diâmetro de 36 metros), optou-se pela utilização de um sistema de estrutura em *truss* de alumínio que, através de guinchos motorizados fixos ao tecto dos pavilhões, permitia suspender um tecto técnico com o material apropriado para este fim. Este sistema seria complementado com toda a parafernália dos equipamentos de audiovisuais (som, tradução simultânea, câmaras e monitores de vídeo), para além da fundamental iluminação cénica e sistemas de segurança contra incêndios. Esta foi uma solução complexa, mas que veio a representar uma mais-valia de grande agilidade para a montagem de todas as salas de reuniões.

Given these requirements, the solutions found by the architectural team were very clever and innovative. Specifically we are talking about the interlocking OSB blocks, the sandwich-type metal panels with polyurethane insulation and the metal containers for outdoor spaces or the radio cabins in the press centre. Solutions were progressively found, but the requirement in the memorandum to guarantee the total acoustic insulation of the conference halls, for security reasons, still had to be met. Given that the rooms were large (for example, the space intended for the meeting of the heads of state and government of NATO had a diameter of 36 metres), it was decided to use an aluminium truss structure system that, by means of motorised cranes fixed to the roof of the pavilions, could suspend a technical ceiling with the appropriate material for this purpose. This system would be complemented with a whole paraphernalia of audiovisual equipment (sound, simultaneous translation, video cameras and monitors), besides the fundamental scenic lighting and fire safety systems. This was a complex solution, but one which brought great advantages in terms of the speed of setting up all of the meeting rooms.

Mas o tempo ia correndo e Novembro estava à porta. Era forçoso completar o projecto de arquitectura com os projectos das especialidades (instalação eléctrica, AVAC, audiovisuais, comunicações/informática). A experiência de anteriores eventos dizia-me que o sucesso media-se, em grande ordem, por coisas aparentemente simples. Por exemplo, o conforto das salas de conferência, em parte garantido pela qualidade do ar condicionado, a rápida velocidade de acesso e débito à Internet de forma a assegurar um eficiente serviço de comunicações no Centro de Imprensa, ou ainda um alargado sistema de monitores de vídeo com imagem, em tempo real, dos acontecimentos em curso. É pois na articulação das várias especialidades com a arquitectura que passa também a função de Coordenador Técnico. Assim, foi preciso cruzar, rectificar e harmonizar os elementos das várias instalações técnicas e equipamentos, para daí resultar um espaço mais humanizado e qualificado para todos os participantes, mesmo que se tratasse de umas escassas 36 horas.

But time was speeding by and November was just around the corner. It was imperative to complete the architectural design with the plans for the utilities (electrical installation, HVAC, audiovisuals, communications/computers). My experience of previous events told me that success was largely measured by apparently simple things. For example, the comfort of the conference rooms, partly taken care of by the quality of the air conditioning, fast internet access and upload/download rate in order to ensure an efficient communications service in the press centre, or even an extended system of video monitors with real time images of the events in progress. The Technical Coordinator is also therefore involved in articulating the various utilities with the architecture. It was therefore necessary to cross-reference, rectify and standardise the elements of the various technical installations and equipment, in order to produce a space that is more human and of higher quality for all participants, even if it were only for a mere 36 hours.

Paralelamente, havia que preparar os vastos procedimentos administrativos para iniciar, no mês de Julho, as consultas ao mercado, com a preocupação de serem obtidos os mais baixos preços. Para cada empreitada/fornecimento foram consultadas, sempre que possível, sete empresas. A todas era entregue o processo com caderno de encargos e projecto de execução. Por determinação do Gabinete Nacional de Segurança, apenas podiam ser auscultadas empresas com Certificação NATO SECRET. Foram assim realizadas seis consultas para as empreitadas de Construção Geral e Instalações Técnicas, bem como

Aplicação de sinalização nos pavimentos em alcatifa

Application of signage on the carpeting

para os fornecimentos de Informática, Operador de Comunicações, Audiovisuais e Mobiliário. Para acompanhar as diferentes fases da obra – montagem, operação do evento e desmontagem – foi ainda necessário criar uma equipa de fiscalização, que iniciou o seu trabalho em Julho para seguir a fase final de execução dos projectos. Durante as obras, esta equipa envolveu um total de 11 pessoas (4 engenheiros, 5 técnicos fiscais de construção civil, mecânica, electricidade, segurança e saúde, 2 de secretariado). Durante os dias da Cimeira, esteve organizada uma equipa de assistência técnica que 24horas/dia cobriu todas as instalações e tratou da mudança do *layout* das salas de conferência e um serviço de *help desk* que respondia rapidamente aos mais variados pedidos de assistência, da impressora encravada à cadeira avariada, do salto alto descolado do sapato de uma delegada a problemas nas instalações sanitárias...

In parallel with this, the vast administrative procedures had to be prepared in order to begin market consultations in July, focussing on getting the lowest

Corredor entre os Pavilhões 3 e 4   *Corridor between pavilions 3 and 4*

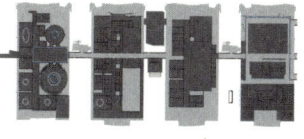

14.11.2010

prices. For each contract work/supply seven companies were consulted, whenever possible. All of these received the documents with the specifications and final design. Upon the decision of the National Security Office, only companies with NATO SECRET Certification could be consulted. In this way, six consultations were made for the General Construction and Technical Installations, and also for the provision of Computing, Communications Operator, Audiovisuals and Furniture. To monitor the different stages of the works – assembly, operation and disassembly of the event – a supervision team also had to be created, which began work in July, monitoring the final stage of the execution of the projects. During the works, this team involved a total of 11 people (4 engineers, 5 technical supervisors for civil construction, mechanics, electricity, security and health, 2 secretarial). During the days of the summit, a technical assistance team was organised that covered all the installations 24 hours/day and dealt with the change in the layout of the conference rooms and a help desk service that provided quick response to the most varied requests for assistance, from a jammed printer to a broken chair, from a high heel that had come off one of the delegate's shoes to problems in the toilet installations…

Para a coordenação eficaz e segura de todas as equipas e instalações, foi desenhado um planeamento diário que fosse alertando sobre os vários pontos críticos. Este instrumento revelou-se uma ferramenta fundamental para o cumprimento do calendário e para a coordenação das reuniões gerais com todas as empreitadas. Continuamente ajustado (passando por 11 versões) e do conhecimento de todas as empresas, procurava cumprir as seguintes metas:

Entrada das delegações no Pavilhão 2   *Delegations' entrance in pavilion 2*

Montagem: 19 dias
Operacionalização: 4 dias
Cimeira: 2 dias
Desmontagens: 6 dias

Para o cumprimento deste apertado calendário foram realizadas treze reuniões gerais de coordenação, com espaçamento máximo de 48 horas entre si, para além de inúmeras reuniões parcelares. Nas reuniões gerais, estiveram sempre presentes os projectistas, a fiscalização, os empreiteiros e outros fornecedores, juntando à volta da mesma mesa um colectivo superior a 40 pessoas, para discutir as várias frentes de trabalho, pavilhão a pavilhão, espaço a espaço, especialidade a especialidade. Ora, tão elevado número de participantes transformava estas reuniões em momentos de difícil gestão, muitas vezes só ultrapassados com uma dose de humor, ironia e riso. E a verdade é que, perante a pressão dos prazos, foram encontradas as soluções mais criativas para os problemas que surgiam na montagem.

In order to meet this tight calendar, thirteen general coordination meetings were held, with a maximum space of 48 hours between them, besides countless partial meetings. In the general meetings, the designers, supervisors, contractors and other suppliers were always present, bringing a group of over 40 people together around the same table to discuss the various work fronts, pavilion by pavilion, space by space, utility by utility. Now, such a large number of participants would make these meetings difficult to manage, very often only overcome with a dose of humour, irony and laughter. And the truth is that, in view of the pressure of the deadlines, the most creative solutions were found for the problems that arose during the assembly.

A daily planner was drawn up for the effective and safe coordination of all of the teams and installations, which raised alerts on the various critical points. This instrument turned out to be a fundamental tool for meeting the deadlines and for the coordination of the general meetings with all of the contractors. Continually adjusted (there were 11 versions) and known to all of the companies, it aimed to meet the following targets:

Assembly: 19 days
Operationalization: 4 days
Summit: 2 days
Disassembly: 6 days

Procurando concretizar um pouco mais as principais instalações técnicas, é importante referir as tecnologias de informação, a instalação eléctrica, o ar condicionado e os audiovisuais. Quanto às tecnologias de informação, área muito sensível por razões impostas pela NATO e pelo Gabinete Nacional de Segurança, foi necessário projectar uma rede de cablagem independente da instalação da FIL que garantisse a absoluta rapidez, segurança e confidencialidade de todas as comunicações. O projecto, executado por um especialista, implicou a instalação de uma rede de dados integrada com 2 500 pontos de acesso à Internet através de banda larga (2 × 10 Gigabits), 1 300 extensões telefónicas fixas com a utilização de tecnologia VOIP, através de central telefónica virtual, 360 computadores, 200 impressoras e 30 multifunções laser de alto débito. Absolutamente proibitivo era uma eventual falha na Internet ou nas comunicações dos diferentes media. E todas as salas de reunião eram espaços livres de telemóveis, em resultado de um sistema de empastelamento de comunicações. Na instalação eléctrica optou-se, sempre que possível, por realizar trabalho em fábrica, de que são exemplo os milhares de cablagens que equipavam as mesas dos jornalistas do Centro de Imprensa. Foram instalados 90 km de cabos de energia/comunicações e 7 km de fibra óptica. Para completar a iluminação geral foram instaladas 1 500 luminárias. A estes números somam-se 2 500 tomadas de energia, 3 000 tomadas de comunicações, 110 quadros eléctricos e 6 geradores de energia com uma potência total de 4 500 kVA. A instalação de ar condicionado foi constituída por uma complexa rede de unidades (uta's e ventiladores) que equipavam todas as salas de reuniões, delegações e encontros bilaterais. Neste aspecto, houve um particular cuidado com os equipamentos a instalar nas salas de reuniões, que deveriam ser quase silenciosos, de modo a não perturbar as conversas em curso. Assim, todas as máquinas foram dotadas de regulação de velocidade na ventilação. Os audiovisuais apetrechavam o interior dos quatro pavilhões, com toda uma complexidade de equipamentos, desde a sonorização de salas com 330 microfones à instalação de 250 monitores espalhados pelo espaço e quatro grandes *led-hall*, para transmissão de imagens e informações, editadas em central técnica. As salas foram equipadas com um total de 89 cabines de tradução simultânea e a iluminação cénica implicou 422 projectores. Foram ainda montados aproximadamente 1 000 metros lineares de estrutura de *truss* suspensos por 330 guinchos motorizados. Por todo o recin-

Teste de som nas salas de conferência de imprensa

Sound check in the press briefing rooms

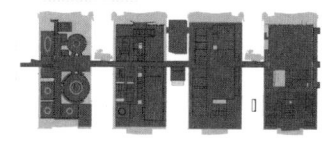

to, distribuíram-se 1 700 mesas de vários formatos e 390 armários, 5 716 cadeiras e 251 sofás, para além de 323 bandeiras dos países representados.

E tudo esteve pronto e devidamente ensaiado, na hora certa.

Looking to advance with the main technical installations a bit further, it is important to mention the information technologies, the electrical installation, the air conditioning and the audiovisuals. As for the information technologies, a very sensitive area for reasons imposed by NATO and by the National Security Office, a cable network that was independent from the FIL's installation had to be designed and that would provide the speed, and absolute security and confidentiality of all communications. The project, executed by a specialist, implied the installation of an integrated data network with 2,500 access points to the Internet via broadband (2 x 10 Gigabits), 1,300 fixed telephone extensions using VOIP technology, through a virtual telephone exchange, 360 computers, 200 printers and 30 laser multifunction devices, all geared for high output. Any failure in the Internet or in the communications of the different media was absolutely prohibited. And all the meeting rooms were mobile phone-free spaces, due to a communications jamming system. For the electrical installation the choice, whenever possible, was to carry out the work in the factory, one example of which is the thousands of cables that led to and from the journalists' desks in the press centre. 90 km de electrical/communications cables were installed and 7 km of fibre optical cables. To complete the general lighting 1,500 lamps were installed. Added to this there were 2,500 energy sockets, 3,000 communications ports, 110 electrical switchboards and 6 energy generators with a total power of 4,500 kVA. The air conditioning installation comprised a complex network of units (UTA's and ventilators) which were fitted in all of the meetings rooms, delegations and bilateral encounters. In this aspect, particular care was taken with the equipment to be installed in the meetings rooms, which should be almost silent so as not to disturb the conversations in hand. So, all of the machines were equipped with speed regulation in terms of ventilation. Audiovisuals were fitted inside all four pavilions, with highly complex equipment, ranging from the sound-proofing of rooms with 330 microphones to the installation of 250 monitors distributed throughout the space and four large led-halls to transmit images and information, edited in a technical centre. The rooms were equipped with a total of 89 simultaneous translation booths and the scenic lighting implied 422 projectors. Approximately 1,000 linear metres of truss structure were also put up, suspended by 330 motorised cranes. Distributed throughout the enclosure were 1,700 tables of various formats and 390 cupboards, 5,716 chairs and 251 armchairs, besides 323 flags of the countries represented.

And everything was ready and duly tested at the right time.

O sucesso diplomático da Cimeira, amplamente reconhecido, foi também acompanhado pelo êxito das soluções arquitectónicas e técnicas adoptadas. As referências elogiosas que sobre a organização da Cimeira foram feitas por várias entidades, nomeadamente pelo Presidente dos E.U.A., Barack Obama, não puderam deixar de ser sentidas por todos os membros da equipa como um incentivo que a todos muito sensibilizou. Tudo isto só foi possível graças ao empenhamento profissional dos mais de 500 técnicos envolvidos, verdadeiros construtores desta cidade que recebeu as reuniões do Conselho do Atlântico Norte, os encontros sobre o Afeganistão e a emblemática reunião NATO-Rússia.

Quando, seis dias após o encerramento dos trabalhos da Cimeira, visitei a FIL para o acto formal de devolução das instalações e vi os quatro pavilhões completamente vazios e limpos, os meus olhos humedeceram. Mesmo sabendo que a obra era efémera, a verdade é que gostaria de ter podido continuar a degustar a beleza, rigor, equilíbrio e depuração obtidos.

Ter coordenado tão grandiosa e bela empreitada, colaborando com um grupo de profissionais de excelência, deixa-me profundamente orgulhoso e satisfeito. E, tal como diz Fernando Pessoa, o homem sonha, a obra nasce.

The widely acknowledged diplomatic success of the summit was also accompanied by the success of the architectonic and technical solutions adopted. The praise for the organization of the summit that came from various entities, namely from the President of the U.S.A., Barack Obama, was well received by all of the members of the team as an incentive that did much to influence everyone. All of this was only possible thanks to the professional dedication of the 500 plus technicians involved, the real builders of this city that hosted the meetings of the North Atlantic Council, the encounters on Afghanistan and the emblematic NATO-Russia meeting.

When, six days after the close of the works of the summit, I visited the FIL for the formal act of returning the installations and when I saw the four pavilions completely empty and clean, it brought tears to my eyes. Even knowing that the work was ephemeral, the truth is that I would have liked to have been able to continue to enjoy the beauty, thoroughness, balance and purity that were achieved.

To have coordinated such a grandiose and beautiful work, collaborating with a group of excellent professionals, leaves me feeling profoundly proud and satisfied. And, as Fernando Pessoa says, »Man dreams, the work is born«.

Saída e entrada principal do Centro de Imprensa.

Main exit and entrance from the International Media Centre

A Cimeira começa...
The summit begins...

APÊNDICE
APPENDIX

DADOS PROJECT DATA

Cimeira da NATO em Lisboa 19–20 Novembro 2010 NATO Summit in Lisbon, 19-20 November, 2010

Local Location
Feira Internacional de Lisboa, Parque das Nações, Lisboa, Portugal Lisbon International Fair, Parque das Nações, Lisbon, Portugal

Promotor Promoter
Ministério dos Negócios Estrangeiros Ministry of Foreign Affairs

Cliente Client
Ministério dos Negócios Estrangeiros Ministry of Foreign Affairs

Data do projecto Design date
Abril a Novembro 2010 April to November 2010

Área de construção Build area
35 000 m²

PROJECTO PROJECT TEAM

Arquitectura Architecture
RISCO
Jorge Estriga, Luís Torgal e Daniela Arnaut

Assistência técnica à obra
Site Architect
Luís Torgal

Colaboradores Team
Inês Cruz, Ana Cristina Cruz, Andreia Lima, Nelson Ramos, Rute Gonçalves e Victor Alves

Simulações 3D 3D Rendering
Telmo Antunes

Maquetas Models
Sofia Mascarenhas

Ambientes e comunicação
Environments and Communication
P-06 ATELIER
Nuno Gusmão e Pedro Anjos

Colaboradores Team
Giuseppe Greco, Miguel Matos, Miguel Cochofel e Mário Videira

Segurança Fire protection
ACTION MODULERS – Consultores de Segurança
Carlos Ferreira de Castro

Acústica Acoustics
ACÚSTICA E AMBIENTES
Pedro Martins da Silva

Instalações mecânicas
HVAC engineering
PROJECTÉRMICA
Aldemiro Benavente, Manuel Telo e Pedro Varela

Instalações eléctricas
Electrical engineering
PROJECTÉRMICA
Aldemiro Benavente, Manuel Telo e Pedro Varela

Telecomunicações Telecommunications
PLURIDATA
Luís Câmara e Pedro Varela

FICHA TÉCNICA
TECHNICAL SHEET

COORDENAÇÃO SUPERVISION

Coordenação geral
General coordination
António Ribeiro

Fiscalização Site supervision
TEIXEIRA TRIGO
Pedro Trigo, Luís Valente,
Tomé Monteiro, Francisco Loureiro,
Silvino Maio, Leonel Augusto,
Mendonça Vieira, Pedro Cristóvão e
Carlos Mestrinho

OBRA WORKS

Construção geral, Coordenação
General construction, Coordination
SOTENCIL
Miguel Centeno, Carlos Falcão, Adérito
Pereira e Nuno Gomes

Construção em madeira
Wood constructions
MULTILEM
José Lino de Castro e Luísa Atouguia
Aveiro

Construção metálica
Metal construction
IRMARFER
Adão Ferreira, Filipe Meireles e
Vítor Lobo

Contentores Contentores
ALGECO
José Luís da Silva

Stands **Stands**
NORMEX
Ferreira da Silva

Condicionamento acústico
Acoustics consultant
ACUSTECPRO
Pedro Teixeira

Instalações técnicas, Coordenação
Technical installations, Coordination
SIEMENS
Luís Reis e Rui Teixeira

Instalações eléctricas
Electrical engineering
ENELAZE
Francisco Alves e Fábio Martins

Ventilação e climatização
Ventilation and Air Conditioning
CONDAR
Ricardo Carneiro e Paulo Gomes

Informática IT
EFACEC
Paulo Oliveira e Carlos Marques

Mobiliário Furniture
INTERESCRITÓRIO
Gonçalo Brilhante e Bárbara Rocha

Comunicações Communications
PT PRIME
Ana Sofia Marques e
Bernardo Cifuentes

Pórticos e Raios X Portals and X-Rays
SIEMENS DEMATIC
Bernardo Villar

Audiovisuais Audiovisuals
AIP/ALFASOM
Vítor Domingos e Artur Neves

ATELIERS
STUDIOS

RISCO é um atelier de arquitectura e desenho urbano sediado em Lisboa e é conduzido por Tomás Salgado, Nuno Lourenço, Carlos Cruz e Jorge Estriga.
Nos últimos vinte anos, o atelier produziu mais de duzentos projectos, em várias áreas programáticas. Desses projectos, cerca de cinquenta estão construídos e em funcionamento. Entre eles estão o Centro Cultural de Belém (em associação com Vittorio Gregotti), os Espaços Públicos da EXPO'98 e o Hospital da Luz, em Lisboa; o Projecto Urbano das Antas e o Estádio do Dragão, no Porto; e o novo Terminal de Cruzeiros de Ponta Delgada, nos Açores.
Actualmente o Risco está envolvido no concurso para a Grand Stade de Casablanca, um estádio para futebol e atletismo com capacidade para 80 000 espectadores, desenvolve o projecto de execução do novo Amanresort a construir na Comporta e finaliza o Plano de Urbanização dos terrenos da Quimiparque, no Barreiro, uma «nova cidade» com quinhentos hectares, na margem sul do Tejo.

RISCO is an architecture and urban design firm based in Lisbon and managed by architects Tomás Salgado, Nuno Lourenço, Carlos Cruz and Jorge Estriga.
Over the last twenty years, the firm has produced more than 200 projects, covering many fields of activity. Of these projects, fifty are built and in operation. Among them are the Belém Cultural Centre (in association with Vittorio Gregotti), Expo'98 public spaces and the Hospital da Luz, in Lisbon; the Antas Urban Project and the Dragão football stadium, in Oporto; and the new cruise ship terminal in Ponta Delgada, Azores.
Risco is currently preparing an entry for the new Casablanca Stadium (for 80,000 spectators), developing the last design phase for a new Amanresort to be built in Portugal and finalizing an urban plan for Barreiro, a new 500 hectare city that occupies a former brownfield site, by the River Tagus.

P-06 ATELIER é um atelier de design de ambientes e comunicação fundado em Lisboa, em 2006, por Nuno Gusmão, Pedro Anjos, Estela Estanislau e Catarina Carreira. Tem sido destacado em projectos de museografia, design de exposições, design de ambientes, sistemas de sinalética e design editorial, tendo já sido premiado a nível nacional com o prémio Empresa Design de Ambientes, dos Prémios Nacionais de Design, troféu Sena da Silva 2009, melhor museu (Museu do Oriente) e melhor exposição (*Os Anos de Exílio da Rainha D. Amélia*) em 2008, da APOM (Associação Portuguesa de Museologia). Internacionalmente foi galardoado com Honour and Merit award do SEGD – Society for Environmental Graphic Design (2010–2011), Silver e Bronze do European Design Awards (2010–2011), Red Dot Design Awards (2009–2010–2011) e D&AD (2010–2011).
Dos projectos concebidos pelo atelier destacam-se o Museu do Oriente (2008), o Théâtre et Auditorium de Poitiers, França (2008), a Pista ciclável de Belém – Cais do Sodré (2009), e mais recentemente o *foyer* do Pavilhão do Conhecimento – Ciência Viva em Lisboa, trabalhos largamente divulgados em livros e revistas internacionais da especialidade.

P-06 ATELIER is an environment and communication design atelier founded in Lisbon in 2006 by Nuno Gusmão, Pedro Anjos, Estela Estanislau and Catarina Carreira. It has been distinguished in museographic projects, exhibition design projects, environment design, signage systems and editorial design, and has won a number of national awards including the Environment Design Company Prize among the National Design awards, the Sena da Silva Trophy 2009, best museum (Museu do Oriente) and best exhibition (Os Anos de Exílio da Rainha D. Amélia) in 2008, from APOM (Portuguese Museology Association).
Internationally it has won the Honour and Merit Award from SEGD – Society for Environmental Graphic Design (2010–2011), Silver and Bronze from the European Design Awards (2010–2011), Red Dot Design Awards (2009–2010–2011) and D&AD (2010–2011).
Some of the main projects produced by the atelier include the Museu do Oriente (2008), the Théâtre et Auditorium de Poitiers, France (2008), the Belém – Cais do Sodré Cycle Lane (2009), and more recently the foyer of the Pavilion of Knowledge – Living Science in Lisbon, works that have been widely publicised in international trade books and magazines.

Alexandra Prado Coelho, jornalista do diário *Público* desde a fundação, em 1990, nasceu em 1967 em Lisboa. Licenciou-se em Comunicação Social na Universidade Nova de Lisboa e começou a trabalhar na secção de Política Internacional daquele jornal, onde permaneceu durante 16 anos. Fez reportagens em vários países, sobretudo no mundo árabe e muçulmano – de Israel ao Irão, passando pela Argélia e pelo Afeganistão, onde acompanhou os primeiros momentos da guerra que se seguiu aos atentados de 11 de Setembro em Nova Iorque. É autora, em conjunto com o fotógrafo Daniel Rocha, de um livro sobre a comunidade muçulmana em Portugal intitulado *Muçulmanos em Portugal – Onde fica Meca quando se olha de Lisboa?*. Em 2006 transferiu-se da secção Internacional do *Público* para a de Cultura, onde tem escrito sobre os mais diversos temas, com destaque, no último ano, para as questões ligadas a arquitectura e urbanismo.

Alexandra Prado Coelho, journalist for the Público newspaper since it was founded 1990, born in 1967 in Lisbon. Graduated in Social Communication from the University Nova de Lisboa and started work in the International Politics section of that newspaper, where she remained for 16 years. She has made news reports in a number of countries, especially in the Arab and Muslim world – from Israel to Iran, from Algeria to Afghanistan, where she accompanied the first moments of the war that followed the 11th of September attacks in New York. She is the author, together with the photographer Daniel Rocha, of a book on the Muslim community in Portugal entitled *Muçulmanos em Portugal – Onde fica Meca quando se olha de Lisboa?* (*Muslims in Portugal – Where is Mecca Looking from Lisbon?*). In 2006 she was transferred from the International section of the Público to the Culture section, where she has written on a very wide range of subjects, particularly, in this last year, on issues related with architecture and urbanism.

Bárbara Coutinho, professora universitária, curadora e investigadora, nasceu em Lisboa em 1971. É Directora do MUDE – Museu do Design e da Moda, Colecção Francisco Capelo e Professora Auxiliar Convidada do Instituto Superior Técnico, onde lecciona as disciplinas de Teoria, Crítica e História da Arquitectura. Doutoranda em Arquitectura, desenvolve uma tese que coloca em diálogo arquitectura, museologia e práticas artísticas contemporâneas, ao investigar o potencial transformador do espaço expositivo. É Mestre em História da Arte Contemporânea pela Faculdade de Ciências Sociais e Humanas (UNL) com a dissertação *Carlos Ramos (1897–1969.) Obra, pensamento e acção – A procura do compromisso entre o Modernismo e a Tradição*. Assina regularmente artigos sobre a criação artística contemporânea, o design, a arquitectura e os museus, para além de participar em colóquios e seminários, nacionais e internacionais, sobre as mesmas temáticas. Foi programadora científica e coordenadora do Programa de Cursos de Formação de Arte Moderna e Contemporânea, Design e Arquitectura da Fundação CCB (2003 a 2006) e coordenadora do Serviço Educativo da Fundação CCB (1998 a 2006).

Bárbara Coutinho, university professor, curator and researcher, born in Lisbon in 1971. She is the Director of the MUDE – Design and Fashion Museum, Francisco Capelo Collection and Assistant Guest Teacher at the Instituto Superior Técnico, where she teaches the subjects of Theory, Critique and History of Architecture. She is taking a doctorate in Architecture, developing a thesis which places architecture alongside museology and contemporary artistic practices, by investigating the exhibition space's potential to transform. She has a Masters Degree in the History of Contemporary Art from the Faculty of Social and Human Sciences (UNL) with the dissertation *Carlos Ramos (1897–1969.) Obra, pensamento and acção – A procura do compromisso entre o Modernismo and a Tradição (Carlos Ramos (1897–1969.) Work, thought and action – The quest for compromise between Modernism and Tradition)*. She regularly writes articles on contemporary artistic creation, design, architecture and museums, besides participating in national and international colloquies and seminars on these topics. She was the scientific programmer and coordinator of the Programme of Modern and Contemporary Art, Design and Architecture Training Courses of the Belém Cultural Centre Foundation (2003 to 2006) and coordinator of the CCB Foundation's Educational Service (1998 to 2006).

Karl R. Kegler, Dr. phil. Dipl.-Ing. Arch., nasceu em 1968. Licenciou-se em Arquitectura (Urbanismo), Filosofia e História em Aachen, tendo recebido o diploma em 1997. Foi colaborador científico em vários institutos superiores em Colónia e Aachen e director do fórum Technik und Gesellschaft (Técnica e Sociedade) da Universidade RWTH Aachen até 2004. Foi co-editor da publicação *Aachener Studien für Technik und Gesellschaft*. Exerceu a actividade de docente na cadeira de História Contemporânea na RWTH. Desenvolveu o projecto para uma Casa Europeia de Formação e Exposição da cidade de Aachen. Trabalhou em investigação, gestão de projecto, certificação, colaboração em diversas revistas técnicas da especialidade. É co-fundador da revista electrónica *archimaera. architektur. kultur. kontext. online* (www.archimaera.de). Desenvolveu a tese de doutoramento com o tema *História do Ordenamento do Território Alemão no Período entre o Estado NS e a República Federal*. É assistente no Instituto de História e Teoria da Universidade ETH Zürich desde 2011. Publicou vários artigos sobre história das ideias do ordenamento territorial, teoria e história da arquitectura, desenvolvimento técnico e globalização, imagens técnicas na literatura, literatura fantástica, investigação sobre utopias.

Karl R. Kegler, Dr. phil. Dipl.-Ing. Arch., was born in 1968. He studied Architecture (urban development), Philosophy and History in Cologne and Aachen and graduated in 1997. Research associate at several higher education institutes in Cologne and Aachen. Managing director of the forum Technik und Gesellschaft (technology and society) of RWTH Aachen University (until 2004). Co-editor of *Aachener Studien für Technik und Gesellschaft (Aachen studies on technology and society)*. Teaching post at the Department of Modern History at RWTH. Concept development for a European education and exhibition venue in Aachen. Research, project management, expert reviews, collaboration in various professional journals. Co-founder of the online journal *archimaera. architektur. kultur. kontext. online* (www.archimaera.de). Doctorate in the subject of German History of Spatial Planning between Nazi Germany and the Federal Republic of Germany. 2011 Senior Assistant at the Institute for the History and Theory of Architecture at ETH Zurich. Publications on the history of ideas on spatial planning, theory and history of architecture, architectural criticism, technological development and globalisation, technological images in literature, fantasy literature, utopia research.

Jorge Estriga nasceu em Castelo Branco em 1963, é arquitecto pela

CURRICULA VITÆ
CURRICULA VITÆ

Faculdade de Arquitectura da Universidade do Porto e estudou no Politécnico de Milão, ao abrigo do Programa Erasmus, coordenado por Nuno Portas. Licenciou-se em 1991, com um relatório de estágio orientado por Alexandre Alves Costa e colaborou com Manuel Graça Dias e Egas José Vieira entre 1990 e 1993. Em 1994 começou a trabalhar no atelier Risco, integrado na equipa destacada para o projecto da EXPO'98. Desde 2005 é o responsável pela coordenação dos projectos de grandes equipamentos do atelier. Foi docente da cadeira de Projecto dos Cursos de Pós-graduação em Desenho Urbano do Centro Português de Design, entre 1999 e 2002; integrou o júri de diversos concursos, desde 1997; e foi editor de projectos do *Jornal Arquitectos*, entre 2000 e 2002.

Jorge Estriga was born in Castelo Branco in 1963. He graduated as an architect from the Faculty of Architecture of the University of Porto and studied at Milan Polytechnic under the Erasmus Program, coordinated by Nuno Portas. He graduated in 1991 with an internship report supervised by Alexandre Alves Costa and worked with Manuel Graça Dias and Egas José Vieira between 1990 and 1993. In 1994 he began work in the Risco atelier as part of the team allocated for the EXPO'98 project. Since 2005 he has been in charge of the coordination of the atelier's large equipment projects. He taught the subject of Building Plans to students of the Post-graduate Courses in Urban Design at the Portuguese Design Centre between 1999 and 2002; he has been a member of the jury in a number of competitions since 1997; and he published projects in the *Jornal dos Arquitectos* between 2000 and 2002.

Nuno Gusmão, artista gráfico, nasceu em Lisboa em 1966. Como percurso académico, frequenta quatro anos do curso de Arquitectura e dois anos de Pintura na ESBAL. Profissionalmente desenvolve projectos de design de ambientes e comunicação, particularmente em intervenções gráficas na arquitectura. Desde 2006 é sócio fundador da P-06 Atelier, ambientes e comunicação Lda, juntamente com Estela Estanislau, Pedro Anjos e Catarina Carreira, empresa já distinguida com vários prémios nacionais e internacionais.
Entre 1993 e 2005 co-fundou e foi sócio-gerente da empresa 2&3D design e produção Lda, empresa distinguida com o prémio Nacional de Design, troféu Sena da Silva 2002.

Nuno Gusmão, graphic artist, born in Lisbon in 1966. His academic career includes four years of the Architecture course and two years of Painting at ESBAL. Professionally, he has developed environment and communication design projects, particularly in graphic interventions in architecture. In 2006 he became a founding partner of P-06 Atelier, Ambientes e Comunicação Lda, together with Estela Estanislau, Pedro Anjos and Catarina Carreira, a company that has already been distinguished with a number of national and international awards.
Between 1993 and 2005 he co-founded and was managing partner of the company 2&3D Design e Produção Lda, which won the National Design Award, Sena da Silva Trophy 2002.

António Ribeiro nasceu em Ílhavo em 1955. É Director de Edifícios e Instalações Técnicas da Fundação Centro Cultural de Belém, desde 1993, coordenando a manutenção, conservação, segurança, gestão do património e promoção de investimentos. Desde 1996, colabora com o Ministério dos Negócios Estrangeiros na coordenação técnica de cimeiras e reuniões internacionais, das quais se destacam a Cimeira de chefes de Estado e de Governo da OSCE (1996), as Cimeiras Ibero-americanas de chefes de Estado e de Governo (1998 e 2009), a Cimeira Ministerial da OSCE (2002) e a Cimeira de chefes de Estado e de Governo da NATO (2010). Enquanto engenheiro electrotécnico, é autor de projectos de instalações eléctricas e iluminação para edifícios e galerias de arte. Destacam-se as galerias de exposição do Centro de Arte Moderna (2002), os Auditórios 2 e 3 (2005), bem como a iluminação exterior do edifício sede (2006) da Fundação Calouste Gulbenkian. Realizou ainda os projectos de instalações eléctricas da Escola de Hotelaria e Turismo de Lisboa (2008), Escola Secundária Padre António Vieira em Lisboa (2009) e Escola de Hotelaria e Turismo de Setúbal (2010), colaborando com a Arq.ª Teresa Nunes da Ponte. De 1980 a 1993, exerceu a actividade de engenharia em empresas industriais. Licenciado em Engenharia Electrotécnica pela Faculdade de Ciências e Tecnologia da Universidade de Coimbra em 1978, com pós-graduação em Engenharia Industrial no LNETI em 1992.

António Ribeiro was born in Ílhavo in 1955. He has been the Director of Buildings and Technical Installations of the Belém Cultural Centre Foundation since 1993, coordinating maintenance, conservation, safety, asset management and investment promotion. He has worked since 1996 with the Ministry of Foreign Affairs in the technical coordination of international summits and meetings, some of the main ones being the summit of heads of state and of government of the OSCE (1996), the Ibero-American summits of heads of state and of government (1998 and 2009), the ministerial summit of the OSCE (2002) and the summit of heads of state and of government of NATO (2010). As an electro-technical engineer, he is the author of electrical installations and lighting projects for buildings and art galleries. Some of the main ones include the exhibition galleries of the Modern Art Centre (2002), Auditoriums 2 and 3 (2005), as well as the outdoor illumination of the head office building (2006) of the Calouste Gulbenkian Foundation. He has also designed the electrical installations of the Hotel and Tourism School of Lisbon (2008), Padre António Vieira Secondary School in Lisbon (2009) and the Hotel and Tourism School of Setúbal (2010), working with the Architect Teresa Nunes da Ponte. From 1980 to 1993 he worked as an engineer in industrial firms. He graduated in Electro-technical Engineering from the Faculty of Science and Technology – University of Coimbra in 1978 with a post-graduate degree in Industrial Engineering from LNETI in 1992.

Carsten Land nasceu em Ratingen, Alemanha, em 1969. Diplomado em Arquitectura pela Universidade RWTH Aachen em 2003. Faz, pensa e vive arquitectura em Portugal e na Alemanha desde 1989. Desenvolve actividade enquanto conferencista e crítico convidado em várias universidades europeias. É autor de várias publicações sobre arquitectura portuguesa, entre as quais se destaca *Arquitectura em Lisboa e Sul de Portugal desde 1974*. Fundou em 2007 a CAPA Edition.

Carsten Land was born in Ratingen, Germany, in 1969. He graduated in Architecture from RWTH Aachen University in 2003. Has been practising, thinking and living architecture in Portugal and Germany since 1989 and is a guest lecturer and critic at a number of European universities. Since 1974 he has written various publications on Portuguese architecture, which include *Architecture in Lisbon and the South of Portugal*. In 2007 he founded the publishing house CAPA Edition.

Apoios Sponsors

Interescritório
Siemens
Multilem
Alfasom
Pluridata

Efacec
Sotencil
Irmarfer
Lledo

Agradecimentos Acknowledgement

Risco: Cuja determinação e empenho tornaram possível este livro. Whose determination and commitment made this book possible.

Jorge Estriga pela Luz e pelas Sombras. For Luz and Shadows.

Maria do Carmo Bragança pelo trabalho de desenho sensível e rigoroso. For her expressive and accurate drawing work.

Luís Torgal, Daniela Arnaut e Ana Cristina Cruz pelo apoio inestimável. For their invaluable support.

P-06 atelier: Sem o qual este livro não teria ficado como está. Without which this book would not have turned out as it has.

Nuno Gusmão, Pedro Anjos, Estela Estanislau, Catarina Carreira pelas linhas azuis que valem mais um red dot. For blue lines that deserve another red dot.

Giuseppe Greco e Joana Proserpio pelo tratamento delicado dos materiais. For their delicate treatment of the material.

Gonçalo Brilhante e Ana Brilhante Martins pelo entusiasmo e pela confiança. For their enthusiasm and faith.

Björn por tudo quanto não cabe na ficha técnica. For all the great things that are not mentioned in the imprint.

Créditos Credits

fotografias photographs

FS+SG — Fotografia de Arquitectura (ultimasreportagens.com)
Fotografia Photography: Fernando Guerra
Produção fotográfica Photo production: Sérgio Guerra
P. 2, 6, 12, 16, 19, 20, 23, 24, 27, 28, 30, 32, 34, 35*, 39, 40, 40*, 45, 47, 48, 54, 54*, 55, 56, 57*, 59, 80, 88, 92, 94, 96, 99, 100, 103, 104, 106–107, 110, 112, 120, 122, 123, 124, 125, 127, 129, 131, 132, 133*, 134, 140

RISCO: P. 14*, 18*, 25*, 27*, 44*, 46*, 84, 85, 90, 91, 90*, 92*, 95*, 96*, 99, 99*, 101*, 102*,106*, 108*, 110*, 118*, 122*, 125*, 126*, 128, 128*, 129, 130*

NATO: P. 16*, 20*, 22*, 29*, 33*, 36*, 38*, 42*,50*, 52, 52*, 115

REUTERS/Marcelo Del Pozo: P. 51

MULTILEM: P. 112*, 114*, 116*

desenhos drawings

RISCO: P. 62, 64–66, 68, 70–79, 82, 83, 91, 93, 97, 98

P-06 ATELIER: P. 106–110, 112–119, 126, 128, 129

SOTENCIL: P. 82, 93*, 95*, 97*, 99*, 101*, 103*, 107*, 109*, 111*, 113*, 115*, 117*, 119*, 123*, 125*, 127*, 129*, 131*, 133*

* nas linhas do tempo / in timelines